阅读成就梦想……

Read to Achieve

PROFITING FROM THE DATA ECONOMY

大数据经济
新常态

如何在数据生态圈中实现共赢

【美】大卫·A·施韦德（David A. Schweidel）/ 著

昝朦、沉香玉 译

中国人民大学出版社
·北京·

本书通俗易懂且全面分析了大数据现象对于企业和消费者的影响。企业高管在考虑消费者隐私和部门规章的同时，能从更多可用的数据中获知怎样更快速、更高效地接触到消费者。这是一本重要并合时宜的书。

拉塞尔·维纳（Russell Winer）
纽约大学斯特恩商学院威廉·乔伊斯教席营销学教授

这本书对于那些想充分利用大数据创造价值的人来讲是必读书。这本书所阐述的重点在于，只有很好地掌握了数据、统计知识和商业洞见，才能使企业和顾客的价值得到最大提升。

艾瑞克·T·布莱洛（Eric T. Bradlow）
宾夕法尼亚大学沃顿商学院副院长兼营销系主任，
曹光彪教席[1]营销学教授

每一位企业高管、每一个数据分析者、每一个经济学专业的老师和学生都应该读读这本书。这本书对分析学在商业领域的应用进行了既通俗易懂又引人深思的剖析。作者用务实的方式向我们介绍了大数据时代的新见解以及消费者情感是如何将未来企业和经济塑造成一个整体的。

拉斯穆斯·威格勒（Rasmus Wegner）
贝恩公司[2]合伙人

---

[1] 曹光彪教席（K. P. Chao Professor），由香港永新企业集团主席曹光彪（K. P. Chao）资助，布莱洛是首位获得此教席的教授（2005年10月31日）。担任香港永新企业集团董事长的曹光彪，还是香港港龙航空有限公司名誉主席，毛里求斯驻港名誉领事，浙江大学名誉教授及名誉博士，清华大学顾问教授，宁波大学顾问教授。——译者注

[2] 贝恩公司（Bain &Company）成立于1973年，是一家全球领先的管理咨询公司，其办事处遍布全球50个主要城市，为全世界各行各业超过4 900家跨国公司、私募基金和其他机构提供专业的咨询。

——译者注

Profiting from the Data Economy:
Understanding the Roles of Consumers, Innovators, and
Regulators in a Data-Driven World

| 大数据经济新常态：如何在数据生态圈中实现共赢 |

这本有关大数据经济的书写作流畅而且非常合时宜。书中含有大量的案例分析和引言，我特别喜欢书中有关公共政策在保护消费者免受网络威胁方面所扮演角色的讨论。

加戈蒂施·N·塞斯（Jagdish N. Sheth）
查尔斯·H·凯尔斯塔德教席营销学教授

在这本书里，作者机智而准确地创造了新词"数字排放"①来表明由社会引擎所生成的不断增长的大量粒状数据。书中提到，创新者、监管者和消费者需要权衡这一新的资源所带来的机会和隐忧，以及围绕着大数据生态系统的工具、技术、主体、项目和法律问题。作为技艺娴熟的大数据从业人员，我保证这本书一定会吸引你。如果你的工作和大数据相关，那么这本书会让你更加理解自己所处的环境。如果你刚接触大数据，那么可以把这本书当作大数据的普及读物。总之，这是一本对消费者、企业、公共服务机构和法律专业人士来讲都非常值得读的书。

迈克尔·奈特（Michael Knight）
顾客分析网总裁（CustomerAnalytics.com）

现在许多行业的企业都能够收集越来越多来自消费者层面的数据，在这些企业中形成了一种数据驱动决策的文化，使得这些企业更加高效、更加赚钱。消费者也应意识到，和企业分享信息，他们就可以受益于更个性化的产品。消费者应该克服这种一说到数据分享就担心隐私问题的下意识反应……还要意识到这种相互让步会让世界在未来能更好地运行。简单来讲，用户与企业分享信息的利远大于弊。本书就提出了这些值得注意的重要问题，它完全可以被视为从业人员和公职人员等读者的手边书。"

安因迪亚·高斯（Anindya Ghose）
纽约大学斯特恩商学院商业分析中心主任，信息技术和市场营销学教授

---

① 数字排放（Digital Exhaust）在本书中特指消费者在日常生活中的所有行为所制造出的对企业有用并可被其利用的数据。——译者注

本书赞誉

这本书中描绘的大数据驱动时代和现代企业的管理和创新者所考虑的商业图景并无二致。作者提到了股东如何从新数据、分析学的推进及其总结出的新结论中获利的问题。作者苦心造诣、行文幽默、爱打比方、善于总结,相信这本书对高管、分析师以及相关专业学生来说意义重大。"

本恩·坎辛斯基(Benn Konsynski)
埃默里大学戈伊祖塔商学院信息系统学乔治·S·克莱夫特席特聘教授

Profiting from the Data Economy:
Understanding the Roles of Consumers, Innovators, and Regulators in a Data-Driven World

| 推荐序 1 |

个性化信息与个人数据

半个世纪之前，传播学家马歇尔·麦克卢汉（Marshall McLuhan）曾说过"媒介即信息"。麦克卢汉的理念是说，现代媒体应当关注的不仅是其所传达的内容，还应该密切关注其对社会的深远影响。在大数据时代，类似的说法正在营销领域中流行。

在这本符合当下的、富有洞见的新书中，有许多核心概念并不是第一次提出。用数据优化企业决策的商业分析学至少可以追溯到 20 世纪 50 年代末资信评级出现时。在市场营销中，对交易和客户级数据的使用至少可以追溯到 20 世纪 80 年代数据库营销和顾客终身价值方法的引入。所以尽管像"商业分析"、"数据科学"和"大数据"这样的概念很新，但大部分的活动早已展开了。

虽说如此，大数据的出现还是说明了新事物无处不在。摩尔定律认为，微型芯片上可容纳的晶体管数目呈指数增长，约每隔两年便会增加一倍。相应地，这就会降低成本，从而大大提高数据的计算能力和存储空间。在过去的十年里，类似的统计和机器学习工具和方法也被普遍使用。例如，时下最热的、开放源码的、针对有着"统计学习算法中的摩尔定律"之称的 R 算法的各种优化软件包也在这几年来呈指数级增长。因此现在数据科学家得以用高度精密的技术来探索、分析复杂的数据集，并使之实现可视化。

与此同时，分析法驱动下的生动鲜活的创新案例牵动着各行各业商业领袖们的想象力。在专业运动领域，奥克兰体育用品公司采用数据分析开发了潜在市场，并以最低成本雇到了被高手云集的球队忽视的、有价值的

Profiting from the Data Economy:
Understanding the Roles of Consumers, Innovators, and Regulators in a Data-Driven World

| 大数据经济新常态：如何在数据生态圈中实现共赢 |

选手；在政治领域，2012年奥巴马连任竞选活动将复杂的数据库营销技术和行为科学识别的方法进行搭配使用，有效地说服易被影响的选民投票给奥巴马；在娱乐业，奈飞公司（Netflix）[①]以相关的影名、导演和演员为关键词来丰富更新用户的观影模式数据库。这样的分析显示了某些重要的观众群体喜欢凯文·史派西（Kevin Spacey）主演的电影，或喜欢大卫·芬奇（David Fincher）执导的电影，或喜欢某一种政治题材的BBC迷你剧。奈飞公司重拍《纸牌屋》（House of Cards）的决策就是基于公司大量的数据样本。

总之，未来经济决策中最出色、最可靠的基准就是"摩尔定律"为之加冕的"数据分析"。

大数据时代所带来的改变不会止步于商业分析中工具、方法和管理层认知的进步。社会作为一个整体正在经历着潜移默化的转变。实际上，最显著的问题之一就是，伴随着我们的上网时间不断增加，我们的日常活动也越来越多地被互联网所影响和记录。给朋友发短信，在网上做调查，播放一个在线视频，用信用卡付账，在电子阅读器上读本书，用手机应用查地图，在商店用会员卡打折，给网络文章"点赞"，或在专业或非专业的社交网络交友，这些活动都让我们留下了一串由事务数据库记录的互联网活动足迹。大数据不仅能让机构知道比过去多得多的用户信息，还能让他们没完没了地预测用户的行为，因为我们生活的方方面面都已经受到了互联网的深刻影响。重新审视前文提到的麦克卢汉名言，我们会说"收集个人数据的数字媒介即信息"。

生活中的个性化营销手段和由协同过滤算法推荐的书、电影、音乐和新闻，现在已经成为了我们日常生活的一部分了。但这仅仅是大数据经济

[①] 奈飞公司是全球最大的在线影片租赁提供商，提供互联网随选流媒体播放，定制DVD、蓝光光碟在线出租业务。——译者注

推荐序 1
个性化信息与个人数据

的开始,我们日常活动的互联网影响同样可以带来意想不到的创新、融合以及新的商业模式。举个例子,一家大型连锁超市可以凭借其会员卡的数据来预测哪些顾客是患糖尿病高危人群;保险公司凭借个人资信评级(这种制度原本是为了保证客户承诺支付抵押贷款)作为其行为代理,以此来评测被保险人出交通事故的概率。据剑桥大学心理实验室的研究,只要凭借社交媒体的"点赞"数据就能预测用户的性取向、政治倾向及基本的人格类型。

然而,用户一方面担心已有的社交应用会泄露个人隐私,另一方面又希望能有更安全的新应用来满足自己的各种需求。回到刚才的例子,连锁超市所作出潜在糖尿病患者的预测可以鼓励有患病风险的顾客早日去就医。如今,一些汽车保险商收集远程传送数据,实时跟踪被保险人的开车行为。这种实时数据当然也能使传统的促销、承保费用和价格决策方式更加精准。但还会有人希望走在前面的保险业能提供一种更新的数据产品——能详细记录车主具体优缺点的个性化"报告卡"。这种精细化的数据资料能让刚学车的人借鉴,让会开车的人保持警觉,让长期开车的人养成安全驾驶的习惯。还有人甚至想用一种主动许可的方式(类似剑桥心理测试使用过的一种自愿加入的方式)来决定自己是否参与应用所推荐的交友和相亲活动。

这种互联网创新必须在经济、技术、监管、社交和伦理的框架下进行评估和实施。麻省理工媒介实验室的亚力克斯教授(Alex)强调说:"因为'数字面包屑'(Digital Breadcrumbs)都是关于人的信息,涉及大量的隐私问题、数据所有权问题和数据控制等问题,所以你不难想象用大数据建造的世界是一个难以置信的、入侵你生活方方面面的'老大哥'。乔治·奥威尔在写《1984》这本书的时候,根本无法想象大数据的图景。"尽管有效订制的个性化信息和过度暴露的个人数据之间的界限模糊不清,但有一点非常明确无误:不是所有在技术上可行的数据应用都能被社会认可,还需要营销者、消费者、监管者的通力合作才能决定这一道德底线。如果你想快速了解当下非常火的大数据,那么这本书的确值得一看。

詹姆斯·葛兹匝(James Guszcza)

德勤企业管理咨询有限公司

由于消费者有了更多主导权，现在，大多数公司正面临一种前所未有的新动荡。消费者们最终控制了对话，控制企业品牌和他们打交道的方式。他们期望一个实时的、个人化的、具体语境的、透明的和自身密切相关的对话——这种对话不仅给他们提供服务让他们高兴，还提供给他们一种难忘的体验。那么取悦消费者为何会变得这么难呢？首先，你的消费者正试着比较你所在行业之外的不同品牌、应用、产品和服务之间的最优质体验，就更不用说和你产业相近的竞争者了。其次，这个世界90%的数据是在近几年才创造的。最重要的是，了解你的消费者成为了一项艰巨的任务。

那么你该从哪开始下手呢？公司正通过策略创新、技术创新和文化创新开始自己的互联网成长之旅。大部分公司都知道他们的首要顾客是谁。航空公司知道有五百万英里行程的老乘客，博彩业主知道谁是他们的大金主——还知道他们旅行或赌钱的时间并且知道他们喜欢和不同品牌打交道的原因。但他们不知道的是谁有潜力成为这一类消费者。如果前者被认为是高价值顾客，那么我们现在正把目光转向分析发现可转化为高价值的顾客身上。对航空公司来说，就是成千上万刚刚被划入"经常出行"这一类的旅客。对于博彩业来说，就是识别潜在的高价值赌客或者那种在整个旅行中比较吝啬，但或许值得特别对待来帮助其越过那道门槛的潜在金主。在这两个例子中，它们的目标就是通过提供顾客为尊的个性化体验，让顾客更愿意、更舍得花钱。

Profiting from the Data Economy:
Understanding the Roles of Consumers, Innovators, and
Regulators in a Data-Driven World

| 大数据经济新常态：如何在数据生态圈中实现共赢 |

  对企业来讲，要重新考虑他们的管理层。全球健康卫生护理领域的领导者金佰利公司（Kimberly Clark）和通信服务商At&T公司雇用了第一位首席营销技术官。其他公司正在任命首席数字官、首席创新官和首席数据官。世界各地的企业董事会都在讨论应该由谁来负责客户体验、客户数据和客户洞见等问题，上述新职位的出现就是这一大讨论的结果。

  因为各企业都在其所在行业的不稳定性中摸索前行，所以他们都在寻找能够帮助他们在日常生活中接触到消费者的科技。国家银行正在使用Beacon蓝牙技术，以识别具有潜在贷款需求的用户，那些恰好在看房的人或许可以被预先批准申请贷款。五金商店使用智能控温设备和一种测试用户忠诚度的应用，来更好地服务那些走进实体店的客人。

  最后，就会发生价值交换。顾客对于他们曾到过的地方会更熟悉，因此品牌必须提供更多的价值来交换消费者数据。最近，一位五金商店主告诉我，他的一个高级会员在结账的时候宁愿不打一分钱的折扣也拒绝把他的邮编告诉店主。大多数情况下，消费者不知道他们想要什么，但是他们会无意间通过在生活中尝试不同的东西来试着弄明白自己喜欢什么。我们的工作就是聚焦发现兴趣的过程：找到突破口后传送一系列能让消费者记忆的品牌经验。正如数据的价值体现在具体的语境下，公司的价值也就体现在自己的消费者身上。

贾斯汀·雷利（Justin Reilly）
麦格理集团消费者体验决策和设计部主任

我们一直被监视着。这并不是夸张，也不是说政府不该监管，更不是说某部电视剧或电影中的情节。相反，我所说的是事实。从我们网页浏览到我们的购买行为，这种日常活动都产生了大量的数据，并被采集应用到公用和私用领域。从营销的角度讲，数据排放（我们活动所产生的数据）具有成为战略资源的潜能，这些数据是企业决策的来源，这些有价值的信息能够帮其更好地了解他们的顾客。但是，随着消费者的行为被零售商、广告主、社交媒体平台所追踪，问题出现了。在这种无约束就能收集到消费者数据的过程中，个人应该期望从中得到什么呢？公职机构和相关法律部门的近期调查显示，当消费者向组织提供数据并被组织利用时，对消费者所产生的数据进行使用的尝试就有可能遭遇监管审查。

顾客、企业、监管部门三者都可以是大数据经济中的活跃角色。尽管大数据经济还未成形，但在日常生活中我们就能体会到点滴的变化。在某些情况下，大数据经济带来的变化微乎其微。而在另一些情况下，大数据经济的影响可谓翻天覆地，使我们不得不追问自己是如何走到今天这一步的。在这本书中，我抛砖引玉，从大数据经济中的三个主体的作用以及每一个主体（现在或将来）是怎样影响"大数据驱动决策"等问题出发，来谈谈如何改善营销实践。

Profiting from the Data Economy:
Understanding the Roles of Consumers, Innovators, and Regulators in a Data-Driven World

| 前言 |

Profiting from the Data Economy:
Understanding the Roles of Consumers,Innovators, and
Regulators in a Data-Driven World

| 目录 |

第 1 章 大数据之外 /001

未来数据"宽客"哪家强 /003

大数据的前世今生 /005

大数据的特性 /007

大数据是种战略吗 /009

数据与决策的对决 /010

数据和价值 /011

价值互换,价值互惠 /015

第 2 章 构建大数据驱动的精准营销 /019

回归营销的基础 /020

如何应用市场分析 /023

互联网企业:内容为王还是语境为王 /027

社交（营销）网络 /033

抛开数据，大同小异 /038

你怎么看：上网行为如何暴露了我们自身 /039

第 3 章 用大数据优化营销广告的精准定位　/041

传统媒体和新媒体也只是媒体 /043

数据越优质，广告越精准 /047

当传统媒体遇上新媒体 /049

你生命的价值何在 /054

找准时机才是王道 /055

你的位置信息有何用 /058

你怎么看：如何接触到今天的消费者 /059

第 4 章 大数据改善公共服务　/061

数据能被用来保护公众和服务社会吗 /063

关于公共数据的重大发现 /065

质量胜于数量 /067

过滤数据，广而告之 /072

作为数据生产者的消费者 /074

你怎么看：数据科学能造福公众吗 /076

第 5 章 大数据经济的兴起　/077

大数据经济为什么能兴起 /078

消费者与组织之间的数据交换 /081

数据经济的基础：顾客至上的营销 /087

目 录

用户为尊的数据投资 /092

你怎么看：与用户合作 /096

第 6 章　跨越大数据经济的鸿沟　/097

客户数据中的个人隐私 /100

了解你的客户是谁 /101

为什么营销人员需要进行辩解 /105

过程的透明让客户放心 /109

共享数据的价值 /113

有关数据使用的法律问题 /114

你怎么看：个人数据的分级 /117

第 7 章　大数据驱动的定价策略　/119

基于需求的定价策略 /120

通往地狱的消费者快车道 /125

从差异定价中获益 /128

如何既收集数据又让顾客满意 /130

你怎么看：消费者数据的价值何在 /136

第 8 章　对消费者数据的使用真的需要监管吗　/139

为消费者隐私估值 /140

通过关联勾勒用户 /143

数据共享全免费 /146

消费者数据的成本 /151

大数据驱动的消费者歧视 /155

公众认同市场细分吗 /157

你怎么看：能否通过"数据价值链"来保护消费者 /160

第 9 章 数据资源的竞争 /163

想要数据？拿钱来 /164

用产品和服务换取消费者数据 /166

"数据全免费"获取模式 /168

授权并知会消费者 /171

重塑媒体格局 /174

把消费者数据看作金融资产 /177

数据经济时代需要监管者吗 /179

数据监管会影响创新吗 /182

教育是否要作为数据监管的一部分 /182

消费者控制权能否确保竞争 /184

你怎么看：消费者有权管理个人数据吗 /186

第 10 章 大数据经济的未来 /187

走出进退两难的境地 /188

对企业创新的影响 /190

用户数据对企业竞争有多大帮助 /191

更智能的业务到底能走多远 /193

数据驱动型创新的成本 /195

政府怎样做才合适 /197

数字隐私权 /199

Profiting from the Data Economy:

Understanding the Roles of Consumers, Innovators, and Regulators in a Data-Driven World

第 **1** 章 | 大数据之外

Profiting from the Data Economy:
Understanding the Roles of Consumers, Innovators, and
Regulators in a Data-Driven World

| 大数据经济新常态：如何在数据生态圈中实现共赢 |

关于"大数据"这个概念，我想大家都不陌生。很多人只是把它当做一个抽象的概念，但却没有认识到，大数据是一个我们都可以相互作用于其中的系统。随着大数据变得无处不在，人们对于该话题的兴趣也是劲头不减。在谷歌上对"大数据"一词进行搜索，大约能搜到1 370万条结果。谷歌 Trends 的快照显示，从 2011 年开始，大数据的搜索量迅猛提升，之后一直呈不断增长的态势。用 TOPSY 搜索 Twitter 的内容，结果显示提及大数据的推文就超过了 300 万条，关于"#大数据#"的话题也超过 200 万个。

有人会说，大数据对于企业和组织来说无疑是一个大有可为的机会，也有人会嘲笑或者批评这种过于乐观的看法。杜克大学的教授及作家丹·艾瑞里（Dan Ariely）把大数据比作青春期性萌动："每个人都在说，但却没有人真正知道该怎么做，每个人都以为别人在做，所以每个都声称自己也在做。"无论你对于"大数据革命是有史以来最好的东西"这种说法是鼎力支持还是心存疑虑，有个事实你不得不承认，那就是越来越多的人开始注意到大数据的存在。

大数据的话题不仅引起了那些蜷缩在电脑旁仔细研读复杂分析报告的数据分析师的注意，而且也引起了一些公司高管们的注意。在某些公司里，大数据成为了首席信息官（CIO）的工作范围，而在另外一些公司，大数据则成了首席营销官（CMO）的工作职责。现在甚至已经出现了首席数据官（chief data officer，CDO）这个职位。尽管你可能会认为像金融组织或硅谷的科技公司才会设立首席数据官这样的职位，但全球首位首席数据官

第1章
大数据之外

却是在 2013 年 8 月由广告大亨奥美公司任命的。

利用大量数据为公司创收不再只是董事会关心的事情,很多人都开始打这个如意算盘了。早在 2004 年,微定位技术就开始广泛应用于政治竞选中。地方政府也加入了这一行列:费城市长迈克尔·纳特(Micheal Nutter)在 2012 年任命了该市的首位首席数据官;纽约市长迈克尔·彭博(Micheal Bloomberg)在 2013 年任命了该市的首位首席分析官(chief analytic officer,CAO)。

未来数据"宽客"哪家强

为什么商界、政界都在想方设法地获得个体的数据呢?身兼加州大学伯克利分校名誉经济学教授和谷歌首席经济师的哈尔·范里安(Hal Varian)在 2009 年说了这样一句话:"未来十年,最迷人的工作就是数据分析师。"或许这句话能够更好地回答前面的提问。如果你能从数据中提取出见解并付诸行动,那么这会带来策略上的成功。在不同类型的组织里,统计师(statisticians)对于改善运营状况会有非常大的贡献,比如提高效率、减少成本和增加收入,然而,仅仅精通统计学是不够的。很多组织需要的是全能型的数据科学家,这些人要具备三种技能:特定领域的专业知识,加上复杂的统计工具知识,以及开发和实现这些大规模算法必需的专业技术。图 1—1 就用韦恩图简洁明了地说明了这个要求。

在现实中能找到这样的人才么?那可没准。2012 年美国总统大选双方都设有首席数据科学家。用 IBM 的大数据产品副总裁的话说,就是一个数据分析师必须要"技艺精湛"。仅仅有理科背景是远远不够的,高水平的分析结果可以和关键决策者的洞见相媲美。当我们说用市场分析来引导决策时,不光只谈到一整套曲线拟合工具(curve-fitting)的应用,还要用分析过的数据说话,让人明白数据所要表达的含义,这对于管理决策者具有

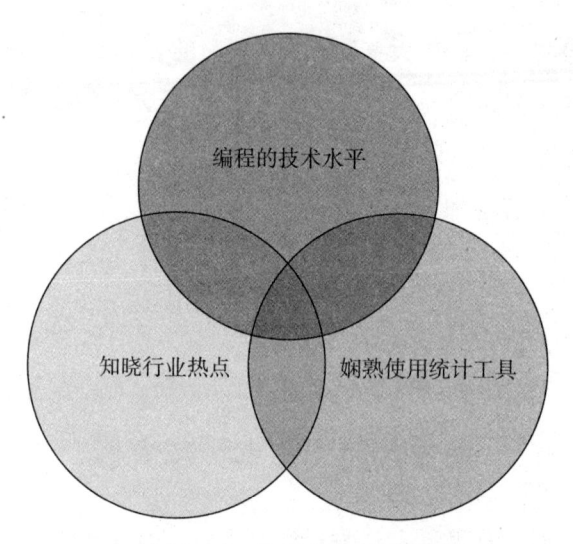

图 1—1 数据分析韦恩图

借鉴价值。

　　上述三种技能全都很重要，或者说要完成任务的话，三者缺一不可。有统计学的知识，有编码的能力，那么研究者就可以让数据具有美感。尽管这对于开展研究来说已经绰绰有余，但是仅靠数据就能做出实际决策吗？如果对于其运作的领域缺少足够深刻的了解，分析结果对于决策所能产生的影响力也将是有限的[①]。同理，若能从庞杂的数据中得出利于决策的信息，那么既懂数据模型又知道行业动态的人就是企业争抢的人才，但是要注意这样的分析还不完善，因为他们受限于将这些见解转化为大规模可伸缩解决方案的能力。换句话说，就算数据分析师计算能力过硬，但如果没有用来评估企业决策的统计模型知识，那么其数据分析结果也是片面的。

　　目前的高等教育其实已经在努力弥补优秀跨专业人才的差距。很多大

[①] 信息＝负熵。数学家申农认为，信息是消除不确定性的存在。如果数据分析对于改善实际业务没有帮助，没有让无序的状态得到缓解，那么就可以认为这样的数据是噪音，自然就没有信息价值。——译者注

第 1 章
大数据之外

学都开设了这样的课程：大数据或数据科学导论。北卡罗来纳州立大学和 SAS[①]联合设立了一个高级分析所，并且还能颁发分析硕士学位；纽约大学的数据科学研究中心开设了数据科学硕士课程，纽约大学斯特恩商学院开设了商业分析硕士课程；宾夕法尼亚大学沃顿商学院的营销系以及运筹和信息管理系也都开设了商业分析课程；西北大学的继续教育学院开设了预测分析硕士课程，工程系开设了相关的分析硕士课程；旧金山大学开设了分析学硕士课程；马里兰大学开设了营销分析硕士课程。

从这些高等教育机构围绕统计学开发相关课程的例子中可以看出，学校要培养出符合公司岗位需求的学生并不是件容易的事。问题的关键在于，到底哪类学校开设的数据分析课程才是合时宜的。专门研究大数据的逻辑专业将来可能会出现在商学院或者信息与工程学院，前者有潜力培养出以洞见驱动决策的商业人才，后者有可能培养出在工具和方法方面可能略胜一筹的技术人才。

大数据的前世今生

大数据从诞生之日起，大家对其利弊的讨论就从未停止过。据《纽约时报》记者斯蒂夫·洛尔（Steve Lhor）的报道，作家艾瑞克·拉尔森（Erik Larson）在 1989 年曾给《哈珀杂志》（*Harper's Magazine*）写过一篇文章，该文章后来被重新刊登在《华盛顿邮报》（*Washington Post*）上。在这篇文章中，拉尔森探讨了营销行业应用其顾客数据开展自身业务的不同情况。在几十年前，拉尔森曾提到"大数据的持有者"会"跟踪你后半生的消费情况——当你怀孕的时候向你推销婴儿玩具，当你 50 岁的时候向你推荐老年公寓。"不得不说，拉尔森的言论让当今大部分人都注意到了由数据

---

① STATISTICAL ANALYSIS SYSTEM，是全球最大的软件公司之一，是由美国北卡罗来纳州立大学 1966 年开发的统计分析软件。该系统在国际上已被誉为统计分析的标准软件，在各个领域得到广泛应用。——译者注

带来的隐私和透明度的问题。

有趣的是,洛尔并不认为提出"大数据"这个概念的人是拉尔森。他反而觉得这个术语的创始人是1990任职于美国硅图公司(Silicon Graphics)的首席科学家约翰·玛赦(John Mashey)。洛尔采访过约翰·玛赦,当问及他怎么想起用这个概念时,玛赦说:"我只想用一个最简洁的概念来说明一些问题,以此来说明'计算'的外延还在扩张。"洛尔把发明"大数据"的功劳归因于科学家玛赦的原因在于这个概念"应该出于某个有计算机计算背景的人"。

不管你认为谁是"大数据"之父,大数据作为当下科技和商业领域最时髦的术语之一,对它的追根溯源说明了大数据引起了更多人的广泛关注。作家艾瑞克·拉尔森让我们知道,分析处理不相关的分散数据,既能带来潜在利益,又有一定的风险。就像七巧板,每一个单独的数据碎片并没有透露出太多关于数据生成者是谁的信息。但是把足够多的碎片集聚到一起,数据提供者的完整样貌就越来越清晰可见了。拉尔森当年就是基于消费者的贷款和税收记录、消费者调查以及人口普查局的数据来描述整个图景的。他描述的每种可能都是我们最终所要经历的预言,如果把他预见的情景和当下我们能看到的相比,就像是一个5岁孩子贴在冰箱上的涂鸦旁边挂着一幅用市场上最新款单反相机拍摄的数码照片。当然,我们也有超越前人想象的进步和飞跃。

当然,这些进步要归功于科技的迅猛发展以及我们处理信息能力的提升,使得我们能够在个人电脑而不是大型计算机上开展复杂的市场分析工作。不用说人口统计,就是每个家庭甚至每个家庭的成员,都和大数据相关。虽然商店通过扫码机采集到的零售购买记录曾一度在市场营销中占据着主导地位,但与消费者通过浏览网站和网上购物所产生的数据量相比早已显得苍白无力。如果没有科技的进步,今天我们所言的一切都不会实现。同样,

第1章
大数据之外

这些进步更应该归功于那些远见卓识、看到这些数据碎片潜在使用价值的人。正是科技和智慧的携手并进推动了大数据时代的来临。

大数据的特性

大数据最常见的定义方式就是将其简化为3V：大量（Volume）、多样（Variety）、快速（Velocity）。顾名思义，只要和大数据有关，那么首先必须符合规模大的特点。大数据从某种意义上讲，即"多到无法在个人电脑上存储的数据"。很多想学大数据的学生（我只是从一般意义上来讲）对于用能处理很多行数据的软件比只能处理一张表单的EXCEL（现在能处理的数据仅超过100万行，但比之前仅能处理65 536行的版本已经有了很大的改进）更感兴趣。除了数据的存储量之外，大数据通常由很多种形式构成。大家最熟悉的是可量化数据（或者叫做"结构化数据"），但大数据还包括像文字评论、图片和多媒体文件之类的"非结构化数据"。

3V中最重要的特点可能就是快速。这既包括高速的数据收集，也包括迅速的数据处理，这个特点能够将与大数据相关的问题与那些仅仅含有大量数据的问题区别开来。以实时营销（Real-time Marketing）为例，这是需要快速收集和处理数据的行业。无论一笔订单能否成功，广告商基于搜索结果或个人手机浏览历史和当前的位置等数据，能够连续不断地给目标顾客推送信息，那么解决这样的问题就需要数据被快速地处理。

迪士尼乐园为了确保主题公园的顺利运营，成立了迪士尼运营指挥中心。如果员工发现游客排队等候的时间太长，他们就会想办法减少游客等待的时间，或者临时派人扮演玩偶在游客排队的时候和他们进行互动。如果游客排队等候的时间变短，那么他们的心情就会变好，他们就会有更多的时间去光顾游乐园里面的商店和饭店，从而给迪士尼带来更多的收入。"神奇王国"的副总裁费尔·霍姆斯（Phil Holmes）说道："如果我们可以增加游客进店购物或用餐的平均次数,那将会大大增加我们的收入。"

虽然这本书讨论的大部分案例都和营销应用有关,但也许今天大数据最重要的应用之一就是保障公共安全。尽管迪士尼的目标是减少游客的排队等候的时间或者想掏空他们的钱包,但想象一下,我们是否能用同样的方式来执法呢?例如,FBI 将会开发新一代的识别系统,在该系统中将探索面部识别工具的使用。但是这种系统只能在犯罪行为发生之后才有施展的空间,工作人员把从监视器里看到的画面和系统之前已经收集到的数据相比较,来锁定犯罪嫌疑人。如果这样的技术能够更快速地普及,那么对于追踪犯罪嫌疑人无疑是降低了成本。对这样的行业来讲,时间决定一切。更快地对有用的数据进行处理,不仅能够降低成本,还能提高公共安全。

尽管大数据的规模大、形式多样、速度快捷能够给一些行业带来好处,但是我们也不能忽略其中潜在的风险。首先,需要考虑数据是否真实。没人质疑大量可用的数据,但试图减少噪音以识别信号的组织,就得怀疑异质性强的数据流到底可不可信。如果决策是基于不完全客观的数据分析,那么决策的结果就毫无意义了。

营销者需要考虑社交媒体的数据是否具有潜在的利用价值。尽管这样的数据大体上都能用,但网上被删除的评论是不是也反映了某种品牌消费群体的声音?倘若忽略此问题,只注重社交媒体数据的已知部分,可能会导致诸如高估已有顾客需求的重要性或不能劝服潜在消费者接触本品牌的问题。

此外,还要考虑数据有没有价值,这一点更为重要。很多组织都把大数据作为策略目标。如果他们计划的是指存储和处理关于自身的数据,那么就没什么可说的。事实上,越来越多的组织或许会从这种细致周到的、融合了业务流程和 IT 功能的策略中获益。但问题是,他们所指的不是数据怎样存储和满足用户的需求,而是只想着怎样用"大数据"为他们盈利。

第 1 章
大数据之外

他们认为自己有了一个一劳永逸的策略：不是想着如何恰如其分地获得和收集到能够实现这些目标的数据，而是对什么都追踪。

大数据是种战略吗

那么什么叫做战略？假如已经收集到了大量的数据，我们能做的就是缓一缓神。在我们所建仓库的最深处，在我们收集到的大量干草堆里面，就能发现我们一直在寻找的金矿。但现在的问题是我们必须翻遍这些草堆。如果不这样做的话，我们就找不出任何有用的东西，所以找到的可能性不是很大。而我们能否利用我们所找出的东西那又是另外一回事了。越来越注重收集更多的数据会让我们迷失方向：我们下一步该干什么呢？

不可否认，发掘数据对于发现有用的信息是很必要的，这些决策将指引着我们的行动。然而，战略层面的思考要求我们应该回顾之前所做的。首先应该搞清楚我们想要做什么，然后才能制定出能够指导行动的方针，基于我们需要的见解，我们可以回溯到支撑该见解所需要的数据。如果我们一开始就盲目地收集数据而不考虑数据收到多少才算够，那我们就在做无用功，因为我们现在必须要筛选大量无关紧要的数据。

许多组织所面临的挑战并不需要大数据来解决，比如市政管理或大众品牌[①]。他们应该关注自身最应该解决的问题是什么以及这些问题该如何解决，并不是说拥有的数据越多越好。有时候，更多的数据充其量也只是在量上有优势罢了。

我们应该关注的焦点是那些能够带来更重要见解的数据。有时，这确实需要收集更多的数据或者不同类型的数据。有些情况就需要我们重新思考已有的战略，同时还要用到不同类型的分析模型。在具体情况中，大数

---

① publically traded corporations 可以理解为上市公司也可以理解为大众熟知的国民品牌，比如本章提到的可口可乐等。——译者注

据或许是产生这些洞见的源头。但如果仅仅指望数据本身，那恐怕我们弄不清自己应该干什么。只收集不分析，政治竞选就不知道应该利用哪种媒介来宣传，零售商就不知道该给谁发优惠券，城市管理者就不知道该如何更有效地配置有限的资源。可见，数据科学就是一门让行动更有指向性的艺术。如果把大数据当作自然资源，那么分析师和数据科学家们使用的高级统计工具就是能从原材料中提取和开发价值的手段。

有人认为大数据就是一门艰深的学问。虽然的确有很多人在做这种高冷的研究，但是相比于日常用语的普及度，大数据的应用仅限于一些知识阶层。事实上，一些组织已深陷大数据中，因此，这个词也成了一个含混的概念，好像和数据沾点边的东西都算。但不管怎样，我们都活在大数据时代。

数据与决策的对决

因为大家都在谈论大数据，所以这不是一本讲什么是大数据的书，而是一本讲如何利用大数据的书。更确切地说，这是一本讲利用大数据的利与弊的书。当作家拉尔森在 1989 年首次提出"大数据持有者"的概念的时候，像谷歌、Facebook 和亚马逊这样的公司还没创建。然而，市场分析和定位的概念早已盛行，只不过不像今天应用得如此高效，但是美国克拉瑞塔斯市场研究公司[①]早就能基于大量数据源来粗略地描绘出消费者是什么样，这种能力最终被市场调查大亨尼尔森（Nielsen）发扬光大。

营销者的决策不可能依靠可用数据的量来取胜。相反，有用的信息能帮助营销者更好地理解如何有效利用已有的数据。拉尔森有先见之明地提出了在今天依然行得通的想法：营销者应当充分地考虑到顾客需求并从其

---

① 该公司开发出了一套基于地理、人口统计因素分析的 PRIZM 市场细分法。该法具体注释见下文。——译者注

第 1 章
大数据之外

贡献的数据中获利,但他坚决认为自己对于大数据没多少贡献,因为很多直销公司和给直销公司提供顾客数据的咨询公司"真的还弄不清他们在做什么,至少在当时是这样的"。

那么当今的营销和 1989 年的营销有什么区别?一方面,组织越来越擅长用合适的数据来实现自己的目标。除了知道如何利用数据,还知道有更多可开发的数据。消费者的数据生成活动(顾客通过日常活动而产生的数字足迹)是一座潜在的金矿。尽管对组织来讲,有大量的机会去利用可用的数据源,但这是基于消费者利益没有受到损害的假设。顾客可以随意选择所需服务,他们的选择对于市场竞争者决一胜负有着潜在的决定作用。

各行各业的组织利用消费者数据来做决策能巩固或完善自身的发展,而组织也渐渐意识到消费者数据中存在着巨大的商机,即谁能获得自身所需的数据,谁就是赢家。换句话说,能诱使消费者主动分享数据的企业就是成功的。由此可见,今后的生意将成为一种交换活动,而且双方都是自愿参与的。在大数据经济中,顾客和企业是"平等交换"的主体。

数据和价值

和其他类型的经济相比,大数据经济的核心就是价值。接下来我们将要讨论的是,越来越多的组织表明他们在顾客数据里看到了巨大的盈利空间。有的组织对于收集消费者数据的行为毫不避讳,而有的组织则遮遮掩掩。随着之后深入的讨论,我们就会发现无数种能把销售数据转化为价值的方法。

收集和存储数据应被当作是一项投资。较之于其他投资,组织应该回答的问题是收集数据能带来什么好处?以警察部门为例,他们办公就应用了预测分析。除了硬件和软件方面的投资,还会产生雇用能够做出必要分析的相关人才的费用。那么，明显的回报就是通过减少犯罪率来提高公共安全。

  谷歌证明了某些搜索关键词和流感呈相关关系。对于公共卫生部门来说，这些信息就可以用来决定何时是加强动员人们进行疫苗接种的最佳时机。医疗保险公司会从这方面努力，看看住院人数减少了多少，就能从中判断出能够减少多少医保报销。公司老板们也会帮忙推销疫苗，以防止因工人生病请假而耽误生产。从其他角度来看这个问题，如果这样的数据能让他们更有效地节约营销成本，医药公司也会认可这种数据的价值。从这个例子中你可以看到，一种特定数据的潜在价值将取决于不同机构的组织目标。

  尽管这两个例子都说明了组织能从普遍适用的数据获得什么，但粗略想一下消费者的购买习惯，数据对于公众消费可能不是那么有效。如果你是买百事或可口可乐，就会面临品牌喜好的问题。如果可口可乐公司已经知道消费者只买自己的产品，或者消费者只买百事可乐，或两种可乐都行，那么可口可乐公司就会根据消费者不同的态度来展开营销活动。例如，对可口可乐老客户的促销宣传力度可能不会太大，只需鼓动他们经常多买就完全足够了。对这些顾客，公司不会担心他们会去买百事可乐。对百事可乐的死忠，可口可乐公司想要花大力气转变此类消费者的态度是不现实的。如果与可口可乐相比，消费者更喜欢百事可乐，那要转变这些消费者也是有限的。然而那些买什么牌子的可乐都无所谓的顾客，也许就是百事公司或者可口可乐公司市场营销的重点诉求对象。

  可口可乐和百事还有其他大众品牌做生意的目的就是盈利，同样，我们也能从总统大选中窥见一斑。全美上下，既有偏蓝的也有偏红的州[①]。

[①] 在美国的 50 个州之中，由于多种原因，在传统上有些州的多数选民倾向于共和党候选人，被称为"红色州"；而多数选民倾向于民主党候选人的州被称为"蓝色州"。此外，那些选民在两者之间摇摆不定的州被称为"摇摆州"或"战场州"或"紫色州"，即红蓝混合色。——译者注

第 1 章
大数据之外

尽管候选人能在那些历史上就对该政党没有好感的地方不惜血本地投入广告，来试图改变该州民众的投票倾向，但也没法指望这些投入的广告费会带来多大的成效。相反地，应该把大量的广告集中投放在那些摇摆不定的州，特别是能够预期产生最大影响力的地区。进一步说，不是所有的数据都具有同等的价值。如果我们将住在威斯康星戴恩县（Dane County，下文简称戴县）选民的电视节目收视数据和住在俄亥俄州哈米尔顿县（Hamilton county，下文简称哈县）选民的电视节目收视数据进行比较，那这可能没多大价值。一些学者认为这两个地方都是摇摆不定的，那么为什么这两地选民的数据有用性会差这么多？戴县严重偏左，71.1%的选票都投给了奥巴马。相比之下，奥巴马从哈县却只收到了51.8%的选票。总统大选宣传在某种程度上讲是能改变选民的态度的，但是态度发生改变的可能性不大。根据戴县既有的政治倾向，两党在那儿所做的宣传效果都微乎其微。《华盛顿邮报》选出的对2012政治竞选影响力最大的七个县里，就有俄亥俄州的哈县。如果选举策划者知道哈县的选民喜欢看电视节目，那么这个数据就可以被用来确定节目中出现的广告是否能接触到目标选民。除去其他因素不说，数据在多大程度上对组织有用，最关键的因素不仅在于组织能够利用数据做什么，还取决于已有的数据是否能进一步对组织目标有潜在的长远影响力。

尽管在数据转换为价值的过程中，采取行动影响消费者行为的能力是必要的，但是其他因素还是会影响个人特定数据对于组织的价值。首先，企业必须得拥有同质顾客群对于自家品牌认知和喜好的数据。如果你的营销计划不够具体，也就是说你不清楚谁是你的目标受众，那么这样获取的顾客数据和针对消费者的宣传效率就会很低，因为你的数据样本太少。幸运的是，事实证明，顾客之间的差异没有人们想象的那么大。或者，更确切地说，他们由于相似性而能组成不同的客户群体，这足以让公司根据自己细分市场的目标受众有的放矢了。

Profiting from the Data Economy:
Understanding the Roles of Consumers, Innovators, and
Regulators in a Data-Driven World

|大数据经济新常态：如何在数据生态圈中实现共赢|

除了有足够多的消费者外，组织愿意为消费者数据花多少钱，取决于消费者（或消费者所属的细分群体）对于组织的价值。航空公司和酒店对经常旅游的人感兴趣，是因为他们能为这些行业创收，所以这些行业会为这群顾客提供专门的客户服务来办理入住或其他手续。赌场特别在意下大赌注的赌客，并通过提供大量的额外优惠来吸引他们并维持交易，因为从个人赌博活动中收取的场地费就能让赌场赚得盆满钵溢。那些来自摇摆州的选民作为总统大选活动的目标受众，是因为他们能够决定哪位总统候选人可以获得该州的选票。总之，市场细分对于组织来说是必不可少的。

综上所述，消费者数据对于组织有没有价值最终取决于组织获取了多少其他消费者的可用数据。个体顾客之间可能会有差别，但通过认清顾客群之间的同质性和异质性就能够对特定受众进行市场细分。基于这个原理，克拉瑞塔斯市场研究公司就开发了 PRIZM 市场分析法[①]。

关于市场细分，举个具体的例子。公司的高管们喜欢在巴诺网上书店下订单，打高尔夫球，看综艺节目《周六夜现场》(Saturday Night Live)。那么这个群体主要由中上层单身和已婚人士构成，一般都是白领阶层。尽管中下层群体中也有同样年龄的消费者，但是和住在城市里的白领比，他们更愿意在家看孩子。他们的生活方式和媒介使用习惯也与前者大相径庭——他们喜欢外国电影，更喜欢租房而不是买房住，更喜欢读《智族》杂志(Gentlemen's Quarterly)[②]。

企业需要明确自己的目标客户群，这样才能更有针对性地营销。一旦确定了目标群体，那么具体是谁向企业提供数据就没那么重要了。如果有

---

① PRIZM 市场分析法（Potential Rating Index by Zip Market，PRIZM）根据邮编制定的潜在市场等级指数，把美国所有的邮政编码分为 66 类，并按收入、家庭价值观和职业排序，从最富有的 "贵族阶层" 到最贫穷的 "公共救济" 群集。不同群集的居民在产品消费上表现出显著的差异。——译者注
② 《智族》杂志，是全球知名的男性时尚生活杂志，1952 年创刊。这里说明普通人只看生活杂志，和精英看的专业杂志形成明显对比。——译者注

第 1 章
大数据之外

顾客愿意免费与组织分享自己的数据，那么组织以何种方式来获取顾客数据就是他们自己的事情了。然而，如果群体中的个人认定某些组织必须给数据分享者提供一些好处，那么对于想获取这部分数据的组织而言，这就算是投资了。

价值互换，价值互惠

其实交换价值是老生常谈了。本书中提到的关键概念至少已存在20年了。然而，自从这些理念被公众所熟知，就发生了翻天覆地的变化。让人不解的是，这些改变大部分都是在悄无声息进行的。

首先，想想公司用的互联网营销平台。在消费者眼里，谷歌是他们最熟悉的搜索引擎或是"免费的"邮件服务提供商，但我要说的是，谷歌其实是一家广告公司。同样地，消费者会以为Facebook和Twitter只是社交网络产品，但他们也是广告公司。用这些公司的产品，我们不必花月费或按次数结账。然而，我们每次使用这些工具，其实就是在间接地付账——在谷歌上每键入一个关键词，每发一封邮件，在YouTube每看一次视频，每发一条Facebook的帖子，每发送一篇推文，我们都在给这些公司付钱。

物联网（the Internet of Things）和可连接的设备在将来可能会取代这些互联网平台。"量化自我"的概念刚开始变得具体化，比如说健身产品和其他形式的可穿戴装备。为了更好地了解我们自己即将生成的数据或者为了达到某种个人目标，作为交换，我们会同意采纳某项新技术并且和技术开发者分享我们的数据。这样做就意味着我们在为自己的行动以及行动所产生的数据付账。只要我们知道自己在做什么，这样主动提供数据的做法也无可厚非。

从广义上讲，顾客对大数据有模糊的概念，还得归功于爱德华·斯诺

Profiting from the Data Economy:
Understanding the Roles of Consumers, Innovators, and
Regulators in a Data-Driven World

|大数据经济新常态：如何在数据生态圈中实现共赢|

登向媒体披露文件中的泄密事件。斯诺登事件详细说明了美国国家安全局（National Security Administration）的监听活动，使得很多人以偏概全地认为"老大哥"在监视我们。在"9·11"事件之后，哥伦比亚广播公司电视剧《疑犯追踪》（Person of Interest）里提到了一台机器，通过收集交通摄像头和其他设备的数据，能够在案件发生前识别犯罪嫌疑人。在2008年的电影《蝙蝠侠·黑暗骑士》（The Dark Knight）中，蝙蝠侠制造了一种能把所有手机变成耳机的机器，让他能够建立一套全城监听系统，帮助他发现小丑的位置。就像这些虚构的例子一样，美国国家安全局的监听活动真是用心良苦。然而，随着真相渐渐水落石出，大家愈发地想知道机构是如何收集和利用个人数据的。

人们对于数据透明化的兴趣蔓延到了市场营销领域，同时，企业也必须在监管环境下开展运营活动。2012年，美国联邦贸易委员会（Federal Trade Commission）发布命令，要求许多公司披露关于数据收集和使用活动的相关信息。在2012年3月份的报告中，美国联邦贸易委员会敦促企业提高他们数据收集的透明度。报告同时还呼吁消费者要加强了解企业在进行数据活动的相关知识。

先不管有多少人关注大数据，也不管有没有相应增多的数据监管，组织的数据收集和使用操作和以前相比将作出哪些调整？我只能说，组织的目标在不断变化。最重要的是，消费者在意这些调整吗？对于消费者来讲，那当然是要关心的问题了。关键是，消费者在多大程度上可以接受自己的哪部分数据被企业收集而不影响自身的隐私安全？

学者福莱斯特（Forrester）在2012的案例研究了回答了第二个问题。这个研究发现，如果把数据区分为行为数据（例如你的上网浏览记录或者你在商店的消费记录）和个人数据（比如你的地址或者身份证号），那所有年龄段的人都更关心公司是怎样使用个人数据的，年纪大的客户要比年轻顾客更敏感。报告还发现，个性化的交易能吸引一大批年轻人来主动和

第1章
大数据之外

公司分享自己的数据，但是这种激励的诉求几乎无法吸引到年长顾客的参与。由此可知，很大一部分年长的顾客没有进行过网上交易，因为他们仔细看了该网站的隐私政策。

那么我们能从这些结论中发现什么呢？事实证明，顾客的确关心公司是怎样使用他们的数据的。尽管那看起来像阴霾一样笼罩在营销者头上，但是振奋人心的是，顾客的担忧是随着被收集数据的类型和在不同消费群体内而变化的，而对这些不同数据的收集可能会影响不同消费者的支出。

就上述讨论而言，组织的一个选择就是收集顾客不在意的数据和非常愿意分享的数据。然而，组织要吸引这样主动的顾客，关键在于他们要像对待自己的商业合作伙伴那样去和他们接触。消费者有些东西对于组织是有价值的，组织要获取这些信息，恐怕要改变他们的营销方式（即和顾客互动的方式）。市场营销或许要提高精准度，产品线或许要延伸或扩展，消费者或许要看到更有针对性的消息，新业务或许也需要进行拓展来满足消费者的不同需求。所有这些业务能否成功全都取决于组织是否获得了最合适的消费者数据。

如果消费者愿意把数据分享给企业并且双方合作成功的话，那么结果便是共赢的，消费者和企业都会收益良多。这其实就是个简单的交换活动，如果顾客清楚地知道自己这样做的好处，那么他们就会更愿意分享他们的数据。用户交换了数据，能够得到金钱补偿或某产品或服务的使用权。这种价值换价值的交换理念，实在是再清楚不过了。然而，正如最近一些事件提示的那样，进行这样的交易活动还是存在一系列相关的问题的。

那就是必须对消费者进行保护的问题。与信息相关的问题，组织应当向消费者说明，并就保障消费者数据安全应当采取的措施，向消费者进行澄清。正如企业的成长潜力超乎我们的想象一样，在如何利用与消费者数据相关的创新思维的驱动下，数据利用潜力和给消费者带来的严重伤害，同样超乎我们的想象。正因为如此，对于政府应该在其中扮演什么角色就是个合乎情理的问题。和消费者金融保护局（Consumer Financial Protection Bureau）相关的监管组织有必要监察此类交易活动吗？或者说，是不是应该由市场来决定谁有资格获得消费者数据？是不是应该由市场来决定这些数据的价值？

我在下面几章中将会讲一些企业的成功案例，这些企业的成功很大一部分都来源于其顾客所提供的大量数据。通过这些案例，我们也能得知已有企业是如何利用更多关于消费者详细的信息来优化他们的业务的。此外，我们还能看到公共机构运用了和企业一样的工具来创新工作并惠泽民众。

以这些实例为背景，我们更应该以辩证的眼光来看待当下顾客和企业参与的交换活动。尽管这个模式在某些方面运行良好，但是我们应该提出使其变得更好的要求。有迹象表明，这个模式的更新已在进行中了。基于这些预兆，我们将会讨论支撑新兴数据经济可能需要的架构。

考虑到近几年发生的一些事情：从眼前的互联网大亨和社交网站到大众对数据、信息图式和成为主流的统计数据感兴趣，我写这本书的目的不在于预测在不远的将来会发生什么。不过，鉴于我们目前所看到的组织对数据的使用情况和当前活动，我只是想说明一点，那就是未来的消费者、企业和整个社会都能从数据经济中获利。

Profiting from the Data Economy:

Understanding the Roles of Consumers, Innovators, and Regulators in a Data-Driven World

第 2 章 | 构建大数据驱动的精准营销

| 大数据经济新常态：如何在数据生态圈中实现共赢 |

不管你怎样看待以用户为中心的市场分析，利用数据来提高营销水平并非一个新说法。市场营销这个行业经常被认为是在合适的时间把合适的产品或信息送达合适的消费者。这种观点在直销领域盛行了几十年。当下正在热议的是与"客户关系管理"相关的话题——这是除"大数据"之外的又一个行业热词，但或多或少都有点被炒得过火了。

回归营销的基础

和大多数消费者一样，我几乎每天都被各种各样的宣传册子搞得不胜其烦，从家居用品和汽车服务，到非营利组织和政客募捐应有尽有。这些东西为什么会送到我的邮箱里？如果一个组织负责一块特定的区域，无论在城郊或市中心，它都会给该区域内的各种地址送发其宣传资料。幸运的话，一些收到这些宣传资料的人也许真的会对他们的诉求产生兴趣。然而，这种广撒网式的营销方式的成本往往是高昂的。所以，组织得想方设法地加强营销效果。对直销者来说，预算内的营销花费不应该超出由营销带来的预期收入。

在锁定那些容易受广告影响的消费者之后，组织下一步就会优先对他们进行宣传。在非营利组织筹措善款的时候，也同样能效仿此法。举个例子，大学的外联负责人是根据什么标准来决定应该联系哪些校友的呢？他们要从校友录里面选出那些值得联系的、不至于让外联人员白忙活一场的校友。

第 2 章
构建大数据驱动的精准营销

同样地，政治竞选的资源有限，必须把宣传时间和费用花在可能会给自己政党投票的选民身上。

那么他们会怎么做？若你以自己的兴趣为参照，就能知道这些组织是怎样做决策的。例如，你平时喜欢看哪个台的电视节目？你在家或者在便利店排队结账的时候喜欢看的是哪本杂志？你上网经常浏览的是哪个网站？你喜欢在哪家店里买便装和正装？你每次到酒吧必点哪种类型的酒水？你多久做一次运动？你在周末最常做的活动是什么？

现在，在了解自己的兴趣之后，再仔细想想你的信仰。你会多久参加礼拜？你在购物的时候会不会在意折扣？你在政治上是倾向于自由还是保守？

你的兴趣和信仰表明了你是个什么样的人，而营销人员就能据此描绘出关于某个消费者的详细信息。比如，我们可以把顾客大致分为两类：有些消费者没有自己特别偏好的消费地点，而有些消费者看了某些杂志、网页或某个具体的电视节目后会专门找这些媒介所提到的商店和产品来消费。综上所述，我们大概就能了解一个组织是如何对其目标受众进行宣传的。

如果商家知道自己的顾客好像不关心产品打折，那么他就没必要向顾客提供大甩卖的促销信息；如果这个顾客对商品价格不敏感，那商家再费心机就是多此一举，白白流失了利润；如果另一个商家了解自己的消费者喜欢看的杂志、电视节目或网页，那么他就能够明确通过哪种媒介渠道来接触目标消费者。

一些市场研究人员就经常会分析这层关系，然而涉及到实用层面，我们也必须弄清这些顾客到底是谁。他们是男性还是女性？他们是本科学历还是研究生学历？他们年收入是多少？他们会租房还是买房？他们的婚姻状况和生育状况如何？

Profiting from the Data Economy:
Understanding the Roles of Consumers, Innovators, and
Regulators in a Data-Driven World

| 大数据经济新常态：如何在数据生态圈中实现共赢 |

根据这些人口统计学变量得出的消费者偏好和兴趣能够优化组织的营销行为。尽管我们不能确切地知道个人会具体偏好哪个品牌，但我们能够向自己最优质的顾客推荐其他人的偏好。组织要把宣传的精力集中到最有把握说服的那些顾客群体上，而不是漫无目的地广撒网。

尽管这个观点乍一看好像要放弃潜在顾客，但是考虑到市场上有两类顾客的情况，你就不会大惊小怪了。一类顾客对于商家的促销非常感兴趣，而另一类对于商家在卖什么都无动于衷。在极端的例子下，不管商家花多大力气在不感兴趣的顾客身上，所有的努力都是白费。如果我们能百分之百地分辨出哪些消费者对自己的产品感兴趣，哪些消费者对自己的产品不感兴趣，那决策起来就容易多了：把金钱和时间花在那些感兴趣的消费者身上，不需要在那些不感兴趣的消费者身上浪费你的时间和金钱。

事实上，在多数情况下，我们还不能完全分辨出这两类顾客。一些对我们产品感兴趣的顾客可能会被错分到非目标受众群里，那么我们不对他们用心就等于放弃了潜在客户。但一些本来对我们产品不感兴趣的顾客也有可能被错分到我们的目标客户群中，那白费力气的营销结果自然可想而知。所以，我们需要从具有潜在价值的顾客群那里获利，比较人均营销成本和可能达成交易的所得，使收支平衡。

那么，商家和其他组织对于他们的目标顾客是如何做出决策的呢？如果我们已经收集到消费者的信息，比如他们以往的购买行为和联系人信息，那就需要对此进行详细分析。具体来讲，经常在某店购物的顾客与那些不经常在此购物的顾客相比，他们再次购物的可能性更大。这些历史交易细节可以用来预测顾客的未来价值。鉴于此，商家才能对自己和顾客的关系有多大价值作出评估，然后决定该怎样有效地营销。服务提供商也可借鉴产品供应商的做法，根据消费者过去的消费行为来预测其未来的服务使用期限。非营利组织也可根据组织的直接营销对象是否做出捐赠行为来评估

第2章
构建大数据驱动的精准营销

他们未来捐赠的价值。

对组织来说，既可以依据内部数据，又可以购买专门为组织制订营销计划的公司所提供的外部数据，如个人的邮件列表等资料，来做出决策。就像之前在第1章提过的PRIZM市场细分法，有"全球前所未有的大公司之一"之称的安客诚公司（Acxiom）给组织提供具有营销价值顾客的详细信息。该公司是通过多种途径搜集到此类信息的。一些可用的数据都是能够公开查询的，比如人口普查局的数据。如果你登录统计署的网站，很容易找到邮政编码，里面就有不同收入水平居民的电话号码。

除了使用公开的数据，安客诚公司还把搜集到的消费者调查和保修登记的数据作为补充。尽管公开可用的如投票记录和人口统计资料提供了一些关于我们是谁和我们在想什么的数据，但是还需要结合消费者购买的具体产品和消费者对于调查问题的反馈等信息，才能得出更深一层的洞见。

如何应用市场分析

在这里，以家居用品行业为例。从其数据库中可以找到忠实的顾客资料，然后根据他们过去所消费的金额和最近购物的频率，就可以直接对其发送相关的产品目录。除了巩固和现有顾客的关系外，营销团队还会扩大客户基础。和像安客诚公司这样的数据提供商合作，可能会有助于商家识别类似于老客户的潜在顾客群。例如，如果商店想吸引分散在城郊的零星高收入者，那么一开始可能就会大面积撒网。随着进一步的深入了解，商家可能会发现这些城郊人口最集中的区域在哪，以及该区的选民长期投票给民主党候选人等信息，这些历史交易细节可以用来预测顾客的未来价值。在这样的家庭中，可能已经完成了过去邮件列表中最敏感的冰箱等家电的产品保修登记，这或许表明他们正在对他们的家庭设备进行更新换代。通过弄清消费者对于产品目录的反馈情况，商家也许就能识别出国内哪些地

Profiting from the Data Economy:
Understanding the Roles of Consumers, Innovators, and
Regulators in a Data-Driven World

|大数据经济新常态：如何在数据生态圈中实现共赢|

方需要加大营销力度。

这类信息不仅对于特定的家居用品公司来说非常有用，而且对于其他相关公司也非常有用。比如，室内设计师可以将其市场营销活动集中在那些花费大部分家庭收入来购买艺术品和其他家居用品的家庭身上。因为装修公司的数据能帮助设计师通过专注于那些最有可能感兴趣的家庭来优化自己的营销活动，还能借助数据来降低成本并提高收益。实际上，对于设计师来说，这就是对家居用品店交易数据的一种投资。不论这些数据是室内设计师自己收集的还是专职的中介机构收集的，买卖用户数据在营销领域几十年前就已经不是什么新鲜事了。

再举一个直销者利用已有客户数据的例子，比如信用卡提供商。一种吸引新客户的方式是和专门能够帮助其成功地开发潜在顾客的专业营销公司合作，那么结果就是能吸引大量的新用户来提交信用卡的开户申请。开发潜在顾客的营销公司或许会获取大量细分市场顾客群的邮件列表或者在线联系方式，然后开始听天由命。然而，这样无的放矢会让组织花大力气在不相干的人身上"浪费口舌"。

开发潜在顾客的专业营销公司试图通过 Facebook 的广告促销信用卡。这家公司发现，数字营销可以增加营销信息的目标化和个性化。通过基于年龄、性别和位置等信息的大范围广告试水，营销公司对点击广告人群的个人资料进行深入研究，寻找与他们相关的共同特征。结果显示，大部分点开广告的用户都是女性，并且同时发现这些女性表示她们喜欢帕特里克·斯威兹（Patrick Swayze）主演的电影《辣身舞》（*Dirty Dancing*）。虽然这是未曾预料到的，商家自身无法解释为什么会呈现这样的用户特征。但这对于开发潜在客户的咨询公司来讲影响不大，因为他们可以通过开发一个包含了上述诉求的新广告来重新帮助企业调整营销活动。最后的结果就是调整后的广告能够增加更多的点击率，并且超预期地完成了咨询公司

第 2 章
构建大数据驱动的精准营销

客户（也就是商家）的目标。

在很多情况下，我们并不知道在消费者偏好和其购买行为之间存在什么样的特定因果联系。在一场热带风暴或暴风雪来临之前，你会买什么？瓶装水、面包和电池？估计这些都是你希望横扫商店货物架并囤积在家的商品。事实证明，每天都会光顾沃尔玛超市并住在佛罗里达州的居民，大概会在飓风来临之前买好草莓味的果酱馅饼。估计他们还会买啤酒。此类有用的信息能让商家在预先知道天气状况的情况下做出更有效的规划决策。同时，他们能够提高营销水平，把合适的信息在合适的时间送达目标消费者。

当然，这只是一个用来说明使用信用卡服务的顾客在哪些商店买了哪些产品的例子，但这种思维同样能用来分析潜藏在大量其他业务中的商业数据。比如说，百思买集团（Best Buy）[①]就把这些方法用来重新整合营销策略。你怎样来描述在电子产品店里的消费者？可能大部分是 20~30 岁的男性顾客？如果从宏观的角度看，这种猜测可能是正确的。然而，你能基于此制定出相应的营销规划吗？就像我们之前谈到过的直销案例一样，想用一个放之四海而皆准的方法来宣传产品往往是行不通的。

百思买集团虽然没有建立客户资料库，但它的系统有五种关键的顾客角色。其中，有一种代号为"巴利"的顾客，代表任何一个商家都会感兴趣的有闲钱的科技产品爱好者；还有一种代号为"巴兹"的顾客，代表一个更年轻的科技发烧友。最终，巴兹可能会转化为巴利，只不过现在还处于顾客成长期的位置。还比如其他角色，如对价钱非常敏感的家庭主男"雷利"和城郊的中产阶级妇女"吉尔"，以及做小生意的店老板。

尽管这些好记的名字和描述有助于数据分析的结果更加生动，但我们

---

① 百思买集团是全球最大的家用电器和电子产品的零售和分销及服务集团。公司于 1966 年成立于明尼苏达州，并在 1983 年更名为百思买。其发展宗旨是以物美价廉、易于使用的高科技娱乐产品提高生活品质。——译者注

Profiting from the Data Economy:
Understanding the Roles of Consumers, Innovators, and
Regulators in a Data-Driven World

| 大数据经济新常态：如何在数据生态圈中实现共赢 |

该怎么使用这些信息呢？百思买集团的方法是基于业务范围内消费者行为来重新设定店内的购物区。几乎40%的商店都会将巴利当做主要的诉求对象，分区陈列家庭影院产品并配备懂行的销售人员。对吉尔而言，出于对家庭的关注，这类顾客可能会对广告上宣称适用于全家使用的产品"趋之若鹜"。店内除了不同的产品要分区之外，还要注意不同产品推销人员的配备。比如，新上市的4K超高清电视对于巴利而言，销售人员就应该详细阐述最新功能；对于吉尔而言，就要强调新电视可以用来增进客厅气氛，有利于和亲朋好友的互动。

这种以顾客为中心的销售策略只是百思买集团整体战略中的一部分，其首席执行官休伯特·乔伊（Hubert Joly）表示公司会有大动作，将营销重心放在"更能融入消费者生活的事件营销"层面，比如节日送礼、人生大事和乔迁新居等。基于消费者数据来加深和巩固与顾客的关系，这种做法或许能够让实体店与网络零售商旗鼓相当地争夺消费者，或者至少能够缩小竞争差距，比如我们即将谈到的一家西雅图公司。

百思买集团通过事件营销深度贴近消费者的生活，这一商业实践照样可以被其他奢侈品提供商借鉴。对于买不起房的消费者来说，买车是很多家庭会考虑消费的大物件。很多豪车提供商也许会隆重欢迎这部分顾客（稍微降点价就能吸引他们）。部分原因在于消费者买车要花很多钱，所以他或许希望汽车商提供某种服务让他下定决心购买。那么，上述的营销方法就能派上用场。如果销售人员通过和顾客沟通得知此人是个科技控，那么他便会向购车者推荐一款更容易和智能手机连接的带有车载影音系统的车，而不是推荐被消费者认为过时的和自己无关的只带有导航系统的车。如果服务对象是一起来买车的夫妇，那么销售人员在进行销售的时候就要和丈夫独自进店买车的场景区别对待。

一般来讲，人们会根据自身所观察到的情况来行动。不论我们是和朋友闲聊，还是与商务客户谈生意，我们能够通过他人的行为来识别对方所

第 2 章
构建大数据驱动的精准营销

传达的信息。从专业角度看,我们都是理性决策者,会凭借最新的可用数据产生的策略来不断调整之前的认知并指导当下的行为。尽管在过去的几十年里,营销者才开始搜集大量关于个体消费者的详细信息来更好地优化决策,但这种想法不算新奇——最早可以追溯到 200 年前,并且其应用五花八门,包括二战期间的破解代码、搜寻德军 U 型潜艇,等等。

在政治领域也有此类应用。如何使用数据来找到容易说服的选民以拉拢民心呢?首先,应该明确本党阵营的选民最关心的事情。尽管候选人的施政方针已经或多或少被媒体披露,但还是必须找出有哪些人关注这些议题。把政治倾向和购买行为以及人口统计资料结合在一起,这就是营销者能利用的数据。企业可以使用类似安客诚这样的公司所提供的消费数据和人口统计数据,来识别与之匹配的同类型群体和人群。关于这个详细过程,可以参考《华盛顿邮报》(*Washington Post*)刊登的一篇关于"2004 年总统选举中使用微定位技术"的文章。

上述例子表明,充分利用可用的数据来引导决策不算什么新鲜事。直销者、商家、政治家都已经这样做了。随着消费者生成的数据量和商家追踪的数据量呈爆炸式增长,给利用消费者数据指导商业决策带来了无穷的机遇。在这一点上,恐怕没有任何组织能比当下某些最火的互联网公司做得更好了。

互联网企业:内容为王还是语境为王

作为在线书店发迹的亚马逊网站,其业务范围已经延伸到了许多产品。除了作为零售商,其触角已经扩展到了可以提供 Kindle 电子阅读器、KINDLE FIRE 平板电脑和智能手机等被称戏为"最终购买终端"的业务。除了我们将要讨论的亚马逊给消费者提供的产品,亚马逊还为商家提供云计算服务。

Profiting from the Data Economy:
Understanding the Roles of Consumers, Innovators, and
Regulators in a Data-Driven World

| 大数据经济新常态：如何在数据生态圈中实现共赢 |

那么，现有顾客数据是如何助力亚马逊走向成功的呢？仔细观察亚马逊网站，你就会发现答案。作为外部咨询委员会的一部分，学生、教员、咨询成员经常会有此类的案例训练。现在让我们来到亚马逊官网首页，随便点开一本书，这就会产生顾客的浏览记录。在你点开的这本书的页面下方，有一个"与您浏览过的商品相关的推荐"的推荐区域。如果用户继续往下浏览，会有个基于用户行为而生成的"猜您喜欢"列表。再往下看，还有"根据您的历史浏览记录推荐商品"的提示，接着根据用户已经选购的商品还会有些个性化的推荐。识别出用户最近查看的其他消费者已经购买的商品，网站就可以向用户推荐其他消费者最近购买的商品。

亚马逊数据驱动型的策略背后的逻辑很容易遵循。比起广告文案，消费者更信赖其他顾客。如果你和其他消费者购买了同一款产品，亚马逊就有理由相信你们有同样的品位，那么和你类似的消费者买的其他产品或许会吸引你的注意。此外，这类网站为什么特别关心消费者购买过什么呢？如果我知道你和其他人在浏览我的网站，那么我能让你看到其他"和你一样"的消费者在这儿看了什么或者买了什么。然而，要达到这个效果，就要看亚马逊有多大本事能够通过数据驱动生成此类信息。就算你不愿意这样仔细地标出亚马逊网站的细节特点，那么知道亚马逊的运作逻辑也是有价值的。毋庸置疑，亚马逊就是家基于顾客提供的数据来维持运营的公司。

尽管根据顾客行为生成的页面不计其数，但这只是亚马逊从顾客提供的信息中获取的蝇头小利。《2013年尼尔森广告与品牌信息信任度全球研究报告》显示，消费者在线评价是仅次于朋友推荐和品牌网站推荐的最值得信任的广告形式。亚马逊收集了大量的消费者评价，涉及商品范围从酒吧高脚凳到最近流行的电视节目和好莱坞大片的蓝光影碟不等。

如果你在寻找蓝光的电视剧资源，你也许会考虑奈飞公司原版的《纸牌屋》系列，因为该剧收到超过500个平均分为4.7分（总分为5分）以

第 2 章
构建大数据驱动的精准营销

上的评价。美国纽约有线电视网络媒体公司 HBO 的《新闻编辑室》(*the newsroom*)也有同样高的评价，将近 700 个消费者评价的平均得分同样也达到了 4.7 分。那你准备选哪一部来看呢？或许你会先浏览已经看过并给出的好评的人喜欢此类剧集的原因。以《纸牌屋》为例，有的评论侧重于演员的演技和编剧的水平，并且有 139 人给出了类似的评价；有的评论有感于电影《驱魔人》(*the Exorcist*)的惊恐来形容他看完此政治剧的感受，同时还有差不多 300 个用户也赞同该看法对他们有用，那么你有没有想看的冲动？对于《新闻编辑室》而言，最有用的评论是"该剧抓住了事件刚发生时编辑室里的紧张感"。

亚马逊的评论可以按照发表时间顺序和有用程度进行排列，同时还突出显示最有用的好评和最有用的差评，以提供无偏见的参考。那么还能利用这些数据做什么呢？根据用户浏览历史、购买行为和留下评论的产品，亚马逊能够用这三种实时生成的数据来更加精细地识别出顾客之间的相似度。亚马逊或许会更加依赖于相似个体的购买行为来推荐产品，或者会优先排序相似顾客发表的产品评论。

再以亚马逊 Prime 服务为例，说明企业该如何有效地培养和维护用户的忠诚度。在经济衰退期间，两天免邮项目居然能够给亚马逊的股价和销售额带来大幅的上涨。此外，订阅 Prime 服务的会员还有权借阅电子书和一些能够在线播放的视频。除了保证顾客继续在亚马逊购物，Prime 服务还会设法提高已有顾客在亚马逊购物的频率。更重要的是，顾客或许还会开始在此购买不同类型的产品，让亚马逊能够建立更丰富的客户资料库来精准营销。

和所有提升用户忠诚度的服务一样，亚马逊也不得不考虑自身 Prime 服务的利弊。就像亚马逊收到的年费一样，不断增加的购买和其固守的顾客购买习惯都是其关键优势所在。此外，该服务使得亚马逊还能够从 Prime

PROFITING FROM THE DATA ECONOMY:
Understanding the Roles of Consumers, Innovators, and
Regulators in a Data-Driven World

| 大数据经济新常态：如何在数据生态圈中实现共赢 |

会员和非会员身上获利，即亚马逊公司可以利用订阅了该服务的会员生成的数据来吸引其他非会员前来消费。在成本方面，即使亚马逊通过 Prime Air 部署自己的无人机进行送货，顾客订购的"免邮"服务总要有人埋单的。

亚马逊公司近期表态，正在考虑将亚马逊 Prime 服务的年费增加 40 美元，与当前的订阅年费相比，大约将上涨 50%。部分原因是由于成本的增加。同时，仅仅依赖用户的忠诚度，亚马逊增加年费的做法无疑会使应有的收入缩减。这样的风险在于，会导致一些用户不去更新他们的订阅，没准还会导致他们去别的地方购物。如果这个措施实行的话，也就意味着亚马逊会开始失去这部分顾客的数据，然后就无法向其他顾客推荐有吸引力的产品。成为亚马逊 Prime 服务的用户后就有权享受免运费的政策，那么亚马逊就可以从该用户每一笔产生的交易中获得收益，而这些交易所产生的数据累积至少也会间接地给亚马逊带来部分收益。

以商家的角度来看，亚马逊上述"疏离"消费者的行为颇为失策。但从媒介提供者的角度看，却不是这样。亚马逊在线视频、亚马逊 MP3 和亚马逊应用商店给亚马逊提供了一个契机：消费者要使自己的媒介需求被满足就不得不使用亚马逊的这些产品。亚马逊作为媒介内容提供商拥有自己的媒介载体，比如电子阅读器、平板电脑和现在自营的智能手机；这些硬件进一步巩固了其实力。亚马逊首席执行官杰夫·贝索斯（Jeff Bezos）证实了亚马逊是以其成本价来销售 KINDLE FIRE 的，所以这些硬件设备只能维持收支平衡却赚不到多少钱。为什么？因为眼前的利益就是这一举措促进了媒介内容如电子书、电影和应用的销售。亚马逊亏本销售硬件设备的加购策略其实早已有之，比如剃须刀片生产商（使得"剃须刀商业模式"[①]应运而生）和视频游戏提供商早就这样做了。

---

① 剃须刀营销策略（Razor-Blade strategy）来源于宝洁旗下的男士剃须刀吉列品牌的创始人金·吉列（King Gillette），他的想法（把老式的剃须刀换成可以更换的一次性刀片）开创了薄利多销、免费送赠品的营销策略。——译者注

第 2 章
构建大数据驱动的精准营销

除了以此获得源源不断的收入之外，亚马逊还将会综合分析顾客的媒介消费习惯和他们的网上购物行为。如果一个特定电视节目的观众试着支持某个品牌，比如那些节目中出现过的商品，那么在这些观众浏览该类产品目录的时候，亚马逊就会把这些品牌的推广页面放在网站最显眼的位置。如果某个针对小朋友的亚马逊应用在某个亚马逊账户关联的 Kindle Fire 上使用，那么该亚马逊账户拥有者在浏览网站时，就会被有针对性地递送和孩子相关的产品目录。尽管我们只是为了娱乐而消费媒介产品，但我们的媒体消费习惯却可以给收集有用信息的企业提供另一种手段，他们会据此来理解我们的兴趣并制定他们的目标。在亚马逊的例子中，它就是为了让消费者不断地在其网站上购买更多的产品。

通过顾客行为来获知消费偏好的企业，不只亚马逊这一家。在线视频提供商奈飞公司和在线音乐提供商潘多拉（Pandora）也是这样运作的。以潘多拉为例，该网站想弄清你将来最喜欢的歌是什么。潘多拉在记住你音乐偏好的同时也会过滤你不喜欢的音乐，这种算法能为你提供一个基于你兴趣的个性化的私人音乐电台。奈飞公司也同样用此法来明确你在其资源库里到底喜欢看什么样的电影和电视节目。

开发这样的推荐系统需要成本，但如果消费者在你提供的推荐中获得了好处，那么这项投资就有利可图。如果潘多拉的用户能够通过这样的算法找到其并不熟悉的歌曲和歌手，也许他们会继续使用该网站的推荐服务。要是他们不想听到广告，那么他们甚至还会通过升级到高级订阅服务 Pandora One 来使用屏蔽广告的特权。如果奈飞公司的消费者继续订阅服务，多半是因为它所提供的建议很对用户的胃口，一部分订阅费能让奈飞公司网站通过建议来优化用户体验。尽管需要高级分析和编程来建立这些推荐中介工具，这些算法也只是在后台运行的机器，但只有收集到深度贴近消费者所生成的数据，才能给这些复杂的机器提供动力和燃料，这些复杂算法才有存在的意义。

Profiting from the Data Economy:
Understanding the Roles of Consumers, Innovators, and Regulators in a Data-Driven World

|大数据经济新常态：如何在数据生态圈中实现共赢|

一提到在一定程度上依靠用户行为详细数据而得到蓬勃发展的互联网企业，就不得不说谷歌这个广告平台。对于在一段时间内只记得谷歌就等于对在线搜索引擎的我们来讲，其实有很多可用的搜索引擎，并且搜索质量参差不齐。我们所用的谷歌搜索有一个志在四方的使命，那就是"整合全球信息，使每个人都可以访问和使用"。该神圣使命是世上绝无仅有的。在全球范围内，让公众获得信息和知识，其对人类文明的意义就相当于互联网时代的古登堡印刷术。但是，它怎样获利呢？答案就是广告，大量的广告。2013年，谷歌的财务报告表明其广告收入超过了5 000万美元。

谷歌从它的广告客户那里盈利，而这些广告客户利用谷歌的平台直接到达消费者。付费广告就可以出现在搜索结果页面的最顶端和旁边。这些付钱的搜索结果基于用户每次的搜索关键词随机出现在页面上。尽管用户只对大多数相关的搜索结果感兴趣，但是谷歌通过在搜索结果中向广告主提供到达搜索特定关键词用户的广告位而获得利润。然而盈利的风险在于，只有当用户点开了这些链接，谷歌和其他搜索引擎才能收到广告客户支付的费用。

那么，哪些广告主能够出现在付费搜索结果中最显眼的位置呢？如果广告主愿意比其竞争者花更多的钱在广告上，就会为谷歌带来更多的广告收入，这样谷歌就会把这些广告主置于最有利的位置。然而，这仅限于发生在用户觉得这个广告和他们相关的情况下。如果用户觉得广告与其不相干，自然就不会点开，无论广告主愿意花大多代价，这都不会给谷歌带来收益。最终，广告主愿意付出的广告费和消费者认为的广告关联度共同决定了谷歌搜索结果中这些广告商的位置。

那么谷歌怎么知道用户对哪些广告感兴趣呢？其实不需要展开调查，通过某一个搜索词条就可以预测消费者对哪条广告主感兴趣。对此，谷歌早已成竹在胸，因为它对我们的网上行为一览无余。每当我们使用谷歌产

第 2 章
构建大数据驱动的精准营销

品的时候，比如谷歌搜索引擎、Gmail、谷歌 Maps 和 YouTube，谷歌就已经知道了我们具体喜欢的东西。

谷歌除了利用这些精确信息来让用户个性化自己的搜索页面之外，还通过我们输入的特定搜索词条来获知我们和广告主的关联度。如果一个网页的广告很少（或从没）被点开，不管是否在显眼的位置，说明用户不觉得该广告和他们搜索的关键词有关。可以确定的是，如果更多的用户点开广告并为谷歌带来了收益，谷歌自然愿意把这个特定的广告放在消费者最容易看到的位置上。根据广告关联度来排序的搜索结果也有利于消费者，因为不管线上线下都没人愿意看到不吸引人的广告。

社交（营销）网络

随着营销费用大量从传统媒介转向数字媒介，其中的一部分都流向了如 Facebook、Twitter 和 Pinterest[1]等社交媒介。和登在谷歌搜索页面的广告一样，关联度才是关键。通过谷歌搜索的关键词，我们已经知道用户对某一产品或服务有无好感。那我们怎么弄清在社交网站上的用户到底喜欢什么呢？通过用户主动发布的内容就可以知道。

Facebook 把向用户推送的广告内容称为"推荐帖"，Twitter 称为"营销推"，Pinterest 也类似地称为"营销钉"。不管采用哪种说法，它们都是广告。更进一步讲，它们都是只针对你的（其他人收到的可能不一样）广告。这些广告是根据你在社交网站上选择分享的内容而自动生成的。对 Facebook 而言，他们能充分利用你点过"赞"的页面为你提供个性化广告。为了补充此类信息，Facebook 宣布它将会基于用户浏览其他网站的记录向其有针对性地推送广告。根据 Pinterest 的说法，广告是"一种你真正感兴

---

[1] Pinterest（拼趣网），堪称图片版的 Twitter，网民可以将感兴趣的图片在 Pinterest 保存，其他网友可以关注，也可以转发图片。同类型的还有 Snapchat、Instagram、Tumblr 等图片社交平台，这些公司目前市场估值也明显高于其他"文本"社交网络。——译者注

趣的东西",能做出这种推断的信息是基于你所"钉"(Pin)的东西。同理,Twitter的个性化广告也是基于你所发的推文。

除了对消费者在不同的社交媒体网站上所晒的偏好内容进行文本分析之外,还有其他的方法让这些社交网站提供有别于搜索引擎结果的私人定制广告。对广告主来讲,社交网络平台的部分价值在于他们提供了更多接触顾客让其有所作为的机会,而不是像以前一样只能用一种广告去接触一个顾客。此外,社交平台还提供了一个利用用户社交关系来加大广告影响的机会。

如果我是家类似Trunk Club或Bombfell的高端男装零售商,那我能在Facebook上打广告么?当然能,我首先可以知道诸如年龄、性别和位置等人口统计信息,我还可以了解关注我们网店的顾客有什么其他的共同特征,比如他们谈论的话题、喜欢的电影等。那么关注我的顾客的人又是什么样的情况呢?之所以考虑这些是因为我们更信赖朋友和家庭成员向我们推荐的产品,所以指向性明显、有特别偏好的广告或许能够吸引社交平台用户的注意力。

谷歌也正在以同样的方式运作,进一步个性化已经付费的搜索结果。利用用户在谷歌+上的评论,谷歌试图把这些评论融入到用户的搜索结果中。如果你的朋友不选择自动退出项目,下一次你在谷歌上搜索产品的时候,你也许会看到某个朋友在谷歌普通广告下面的评论。通过在谷歌+上面看到你朋友的评论,搜索巨擘谷歌试着利用你的社交关系信息来维持其广告的效力。

了解用户兴趣以及经常登录的社交网站,毫无疑问能吸引广告主。因为社交网络里面的交流是即时的、不断更新的,这进一步提高了社交网站对广告主的吸引力。特别是当广告内容和消费者偏好的关联度最大时,就更能有效地针对特定市场发送特制的信息。

第 2 章
构建大数据驱动的精准营销

在手机上做广告的部分原因在于越来越多的人通过手机来使用社交应用。Twitter 140 个字的限制是对于一条短信长度的约束。尽管你能用手机应用来发 Twitter 和浏览网站，但 Twitter 早先曾是作为短信服务来使用的。相比之下，Facebook 最早其实不是为手机开发的平台。但是公司的第四季度财务报告显示，2012 年的 Facebook 手机广告收入只占总收入的 23%，而 2013 年却猛增到 53%。

手机广告有盈利潜力的另一个原因是手机基本不离身。不论我们是在家、办公室还是在路上，手机都和我们形影不离。此外，（我们待会更深入地讨论）手机为市场营销人员提供了一个将相关内容递送给相关消费者的机会。不像以前，营销者邮寄一大堆传单到消费者家中，却无法获知消费者阅读材料的具体情况；而如果他们允许手机被追踪的话，手机广告就能保证即时性和在场性的信息能直接被消费者看到。

尽管利用社交网络的信息来做广告听起来不错，但是万事开头难。举例来说，Facebook 在很久之前就推出了 Beacon 广告服务，该服务通过和 Facebook 账号连接能够分享用户在某些网站上的活动。不同于你在亚马逊或烂番茄[①]网站上发表的评论（需要你主动选择后才会分享你的观点），Facebook 会自动地（未得到用户允许）将你的在线活动公之于众。更甚者，这项服务刚上线时，已加入的用户还无法轻松地主动选择退出。在 Beacon 广告服务改变为自选的分享模式后，Facebook 还是被告到法庭——这项集体诉讼表明个人信息在未经其同意的情况下一直被公司泄露。最终，Facebook 为了 Beacon 广告服务的纠纷花了 950 万美元才平息风波。

除了了解我们的购物习惯并据此给我们的朋友们推荐商品和服务之外，企业还将目光聚焦于社交媒体数据，准备开发各种前瞻性的应用程序。

[①] 烂番茄（ROTTEN TOMATOES）网站是美国一个网站，以提供电影相关评论、资讯和新闻为主，其母公司为 IGN Entertainment。网站由电影迷 Senh Duong 于 1998 年 5 月创建，已经成为电影消费者和影迷的首选目的地。——译者注

PROFITING FROM THE DATA ECONOMY:
Understanding the Roles of Consumers, Innovators, and
Regulators in a Data-Driven World

|大数据经济新常态：如何在数据生态圈中实现共赢|

这样的应用程序可以用来建立客户资料库。IBM公司部署了人机大赛优胜者、超级电脑Waston[①]来承担"人生大事监测和语言分析"的任务。通过分析用户在其社交网站上发布的内容，IBM公司已着手开发一种包括用户购买意图、兴趣、需要、价值观和消费习惯等信息的数据库。征信公司（Credit Bureaus）也在考虑把社交媒体活动融合到个人资信评级的计算当中。如此利用数据的方法可以杜绝欺诈行为。

尽管我们还在评测社交媒体能否告知信誉问题，但是有些问题还是需要消费者慎重考虑。任何发表在Facebook、Twitter及博客或能让你回复信息的论坛上的内容，比如你发表的在线商品评论，如果是公开的，这类数据就会从网上被零碎收集和利用。消费者金融保护局和美国联邦贸易委员会都意识到了消费者隐私的问题，因此顺势展开监管。

监管机构可以得出他们想要的任何结论，但是这样的数据使用有意义么？潜台词就是，我们线上线下的行为受到不同类型的价值观、喜好和信仰等因素的影响。尽管我们无法完全监控某个用户的全部线下活动，但我们可以监控其在线行为，包括网络社交活动。如果这些线上行为和影响线下行为的价值观、喜好和兴趣相关，那么我们就能用在线活动的数据来预测消费者会感兴趣的其他类型的活动。

以社交媒体上发布的内容为例。如果我们仔细分析用户发布的特定关键词，就会间接地发现该用户线下的活动。进一步分析语言和语法的精确度，也许还会得到教育背景之外的更多关于个体的详细信息。光有这样详细的资料还不够，还要思考该怎么利用才合适。品牌经理能够将他们的主要精力放在最有可能对他们的产品感兴趣的顾客身上，并在最合适的时候与他们进行沟通。当出现选民有改变投票的倾向或者对最初的投票有所动

[①]《危险边缘》（*Jeopardy*）是哥伦比亚广播公司益智问答游戏节目，已有了数十年历史。参赛者除了需具备历史、文学、政治、科学和通俗文化等知识外，还有会解析隐晦含义、反讽与谜语等，而电脑并不擅长进行这类复杂思考。IBM这台设计的这个超级电脑Waston就是首次挑战这个人机大赛并获胜的。——译者注

第2章
构建大数据驱动的精准营销

摇等新情况时,就需要改善他们的政治竞选策略,加大宣传。金融机构能根据客户的消费水平及其在社交活动中表现出的喜好,为他们提供合适的理财建议。

组织不仅可以利用资料库识别顾客的兴趣,而且还可以通过深挖社交媒体数据,来认出这些最容易影响他人行为的个体。如果营销者能认出这个合适的意见领袖,那么这样的个人影响就能够扩大营销宣传的影响。从零售的角度来看,对企业来说,消费者本身比消费者在店里所花费的金额更重要。这些意见领袖之所以重要还在于,他们将会通过个人影响力去说服其他顾客消费来为企业创收。

评估某个消费者社会影响力的途径之一,就是通过评估其在社交媒体活动上对其他用户的影响力。以推文为例,如果一个人的分享加快了被其他人转发的次数,那么我们就可以推断这个人在社交媒体上的活动对其他人有很大影响。在我们对推文内容仔细推敲之后,发现分享的加快仍在继续,那么就更能证明我们上述的猜想即这个转发的人的确很有影响力。对想要锁定这些意见领袖的零售商来讲,获知这样的信息就非常关键,因为意见领袖分享的内容能够扩大信息的接触范围,以至于能够说服其他人进行消费。

很多企业正在朝着"致力于帮助营销者发现意见领袖并与之沟通"的方向发展。这些企业非常需要社交媒体的数据,而当下这些社交媒体平台就是把关人。那么指望别人的业务自然会有风险,特别是当把关人决定改变规则的时候。一家专门从事社交媒体数据分析的创业企业 PeopleBrowsr,就把 Twitter 告上了法庭。PeopleBrowsr 认为 Twitter 一直在改变与雅虎 Firehose 服务①的数据合作的条件。PeopleBrowsr 直接使用雅虎 Firehose 的数据已经很多年了,但 Twitter 现在却授权第三方转卖自己的数据而不是直

---

① Firehose 是雅虎的即时搜索服务,向用户提供 SNS 网站更新信息以及用户评论等内容。——译者注

接卖给 Firehose，那么这就自然提高了 PeopleBrowsr 使用数据的成本。随着诉讼的进展，如今 PeopleBrowsr 能够通过 Twitter 授权转卖其数据的第三方平台来获取 Firehose 的数据。这也就是说，无论是文本类的社交平台如 Facebook 和 Twitter，还是图片类的社交平台如 Tumblr，要构建从社交媒体平台攫取数据资料的业务，企业必然会面临这些平台会改变交易规则的风险。

然而常常被忽略的是，消费者才是数据驱动型业务的根本，从而使得企业总是需要在如何使用消费者生成的数据上对消费者进行安抚。

抛开数据，大同小异

设想一下，如果没有奈飞公司的推荐服务，你浏览在线电影和电视节目资源库会是怎样的情形？这比你在音像出租店或者附近的视频零售亭[①]的选择多得多，没有奈飞公司的推荐服务，你就会像迷失在一堆货物中。用户的工作量可能抵消掉海量资源带给他的好处。然而，构建推送系统就要有大量的用户行为数据，起码能评测到 75% 的用户观影记录。

如果亚马逊不推荐和提供用户评论，那么该网站的消费者可能会面临上述类似的挑战。没有推荐，就没有了那些分门别类的选项，消费者眼前涌现的是杂乱无章的资源而无从下手选择。开发一个由消费者驱动的商品评级和评论平台，就是给消费者带来了巨大的价值，为他们提供了一种自我表达的手段。作为零售商，同时还深化了与消费者的关系，进一步加深了自己与众不同的品牌形象。

要是 Facebook 不允许营销者通过自己的平台做基于用户兴趣针对用户个人的广告，会有什么情况出现呢？或许 Facebook 还会是一个吸引人的广

---

① Redbox Kiosk，是专门从事 DVD、蓝光光盘和视频游戏租赁服务的自动零售亭，一般位于便利店、快餐店、杂货店、大型零售商和药店。——译者注

第 2 章
构建大数据驱动的精准营销

告平台,因为截至2013年末,每月已有超过十亿的活跃用户和每天超过7 500万的普通用户在其网站上发表自己的喜好。要是那样的话,Facebook和其他传统媒体形式或其他网站没什么区别,最大的区别可能只在于巨大的用户规模。再加上Facebook基于用户发表的兴趣能够精准地招徕某类用户群体,并且使得营销者有机会接触到其目标受众而不需要在对其不感兴趣的消费个体上浪费资源。

公司以消费者数据为基础进行业务拓展,应当能够回答这样一个简单的问题,即更好地了解客户真的会让公司运营得更好吗?如果决策带来的行动以及行动的结果是有利可图的,那么这就是消费者数据带来的效益。尽管很多互联网企业利用众多用户在线生成的数据已经得到蓬勃发展,但他们不是唯一能利用消费者数据来盈利的企业。在之后的章节中,我们会看到消费者数据的使用根本不需要企业彻头彻尾的改变而只需要不断小修小补来发展自身。有很多例子都说明了所有企业都可以通过消费者提供的数据来做决策,以达到提高工作质量和业务水平的目标。

> 你怎么看
> Profiting from the Data Economy:
> Understanding the Roles of Consumers, Innovators, and Regulators in a Data-Driven World

上网行为如何暴露了我们自身

据2013年《经济学人》(the Economist)的报告指出,直销活动的花费超过了1 700亿美元。其中接近约1 650亿美元的营销花费回报很低甚至没有回报,比如,平面广告的回报率只有3%,电子邮件广告有1%,在线广告只有0.01%。尽管这个数字低估了直销的影响力(因为没考虑直销品牌构建的长期效果),但事实上,还是有很多人在邮箱里收到了他们不感兴趣的宣传材料。

IBM公司研究者指出,现在无法再用营销者最看重的数据(传统的人口统计学变量)来给IBM的客户分门别类了,这些数据通常被用来理解包括人格特质、价值观和需求在内的"深层次的心理状态轮廓"。该报告还指出，包括五个维度（外向性、宜人性、责任感、神经质和开放性）在内的人格要素和购买倾向大有关系。然而，让个体消费者填完一张人格调查表不是一件容易的事情。

1. 我们日常活动生成的数据如网页浏览记录、手机应用痕迹、媒介消费习惯和购物历史，是怎样被企业用来描绘消费者大体的人格特质、价值观和需求的？

2. 相对来说，至少在短期，消费者人格特质和价值观可能仍然是个常量，他们的需求可能会随着时间不断变化。以前是假设消费者资料在任何情况下都不会变的，那么现在来分析在具体语境下不断更新的消费者信息有什么好处呢？

3. 企业是如何利用上述资料来决定哪类消费者应该收到广告呢？

4. 企业如何利用收集来的数据来提高对目标受众的营销效果呢？

Profiting from the Data Economy:

Understanding the Roles of Consumers, Innovators, and Regulators in a Data-Driven World

第 **3** 章 用大数据优化营销广告的精准定位

Profiting from the Data Economy:
Understanding the Roles of Consumers, Innovators, and Regulators in a Data-Driven World

| 大数据经济新常态：如何在数据生态圈中实现共赢 |

  不论是通过内部渠道还是外部机构的方法来收集数据，越来越多的公司开始着力于在充分利用消费者数据的基础上构建业务，但在数据泛滥的大环境下提升已有的业务很容易一叶障目。以丽思卡尔顿酒店[①]和其他以客户为中心的顶级豪华酒店为例。在过去，这些酒店或许依赖其员工长年累月收集到的顾客信息：经验丰富的酒店经理或许能一眼认出经常出入酒店的商务客户；酒店服务接待人员或许能知道这位出差的顾客喜欢在哪里就餐和活动；打扫卫生的服务人员或许能知道这位顾客房间的常温一般保持在73华氏度（约22摄氏度）；酒店的餐饮工作人员或许还能注意到顾客在晚上回到酒店总会点同一种红酒。

  尽管如此了解顾客的喜好对于特定酒店为个体消费者提供更好的服务大有裨益，但想要知道更多的信息却寸步难行。打个比方，如果同样的顾客一开始就住在不同区域的丽思卡尔顿酒店，因为他要住在方便自己办事的区域，那么这种入住信息就不能被其他分店所利用。然而，进入客户关系管理系统，就能让此类数据记录在数据库中，使每家联网的分店都能共享信息。再加上酒店房间分发的带有无线射频识别技术（RFID）[②]的房卡，那么消费者在酒店的一举一动所产生的数据都会被收集下来。当他走进酒

---

① Ritz CARLTON，高级酒店及度假村品牌，分布在24个国家的主要城市，总部设于美国马里兰州，现在由附属于万豪国际的丽思卡尔顿酒店公司管理。——译者注

② Radio Frequency Identification，一种无线通信技术，可以通过无线电信号识别特定目标并读写相关数据，由于这项技术可能会在未经本人许可的情况下读取个人信息，这项技术也会有侵犯个人隐私忧患。——译者注

第 3 章
用大数据优化营销广告的精准定位

吧的瞬间,就可以调出所存储的有关其兴趣偏好的数据,调酒师可以据此直接给他来一杯最爱喝的红酒而不是简单地递给他一份酒水菜单。

酒店的博彩业务也能用同样的方式来丰富用户体验。博彩业主不仅可以从酒店的顾客和酒店楼下的赌客身上赚钱,还能从来酒店餐厅就餐并吃光免费甜点的顾客身上赚钱。通过追踪消费者在酒店和博彩场地以及其他分店的活动,他们不仅知道谁是自己的目标顾客,还确切地知道这些顾客的喜好。数据分析得到的结论,或许可以帮企业更精准地细分顾客群,还能助力企业的年度促销策划。

传统媒体和新媒体也只是媒体

大力推动这种数据驱动型改革进展的行业就是电视广告业。毫无疑问,虽然电视是一种娱乐媒介和潜在的(取决于你选择消费的)信息提供媒介,但它最大的价值在于其传播的内容拥有广泛的受众。尽管这些年数不胜数的电视频道让你有更多的选择余地,但在很大程度上,电视生成的内容对于消费者来说还是推送模式。

在 2013 年参加《会见媒体》(Meet the Press)[①] 这个节目谈及作为传统媒体代表之一的《华盛顿邮报》的发行量这一话题时,亚马逊网站创始人杰夫·贝佐斯和在线刊物《全部数字化》(All Things Digital)的记者、创始人卡拉·斯威舍(Kara Swisher)认为,新媒体和旧媒体的划分早就过时了。尽管消费者可在不同屏幕上消费媒介内容,但最终他们也只是在消费媒介内容。不管这内容是通过什么渠道分发的(电视机或者互联网),总有人要承担创作高质量内容的成本。

以电视节目的经济运行为例,可用数据在改变电视广告的过程中起着

---

① Meet the Press,是由美国国家广播公司(NBC)制作的新闻访谈节目。该节目是全世界播映史上最长久的节目,从 1947 年 11 月 6 日首映持续播出至今,也是美国收视率最高的晨间访谈节目。这类型的节目帮助电视公司完成公众服务的义务。——译者注

Profiting from the Data Economy:
Understanding the Roles of Consumers, Innovators, and
Regulators in a Data-Driven World

|大数据经济新常态：如何在数据生态圈中实现共赢|

举足轻重的作用。在电视网播放的电视节目并不直接对观众收费，这并不是说观看电视节目是免费的，而是说观看电视节目的费用是通过其他方式收取的。节目是广告主赞助的，而观众在看节目内容时所投入的注意力就是相应的支出。许多节目如《塔克斯科星剧场》（*Texaco Star Theater*）和《高露洁喜剧时间》（*Colgate Comedy Hour*）就是以赞助商的名字来命名的。观看此类节目（比如因宝洁公司赞助出名的肥皂剧）的消费者被打包"出售"给类似的赞助商。为什么会这样呢？因为电视节目作为一种向消费者传递营销信息的手段，如果节目火了，自然赞助商也跟着火了。广告主付出的广告费经常被用来抵销所赞助节目的制作成本。

尽管各种为营销者提供多种营销机会的传播渠道层出不穷，但是媒体市场经济的运行规律还是一成不变的。制作一档节目非常费钱。当然，制作成本还是取决于节目类型。比方说，电视剧就比脱口秀或者其他各种秀（真人秀等）的制作成本要大得多，因为节目制作成本和节目工作人员（电视剧要请各线明星）有很大关系。这或许是近年来真人秀节目骤增的一个原因（便宜）吧。NBC 成功用《今夜秀》（*Jay Leno show*）节目替换了每周晚都播出的时长为一个小时的电视剧。尽管电视公司支付给主持人雷诺（Leno）的薪水也不少，但和每集成本高达约每小时 300 万美元的电视剧相比那就是小巫见大巫了。尽管这个节目的评价不高，但是节约的制作成本还是很可观的。此外，电视公司还能通过广告招商和节目分销来盈利。巧的是，近几年来，节目分销变得越来越重要了，这是因为广告主可以通过具有广告屏蔽功能的数位监控系统来识别广告的到达率状况，电视网就以此数据来收取广告费。

每年，《广告时代》（*Advertising Age*）杂志会发布黄金时段不同节目的广告费用的排行榜。例如，在 2013~2014 年的时段，赞助《美国偶像》（*American Idol*）节目的平均费用为 355 943 美元，而赞助福克斯最新的超

第3章
用大数据优化营销广告的精准定位

自然剧《断头谷》(*Sleepy Hollow*)的平均费用为137 610美元。为什么会差别那么大呢？越受欢迎的节目意味着该节目的受众广、影响力大，那么广告主自然愿意为这30秒的广告掏更多的钱。换句话说，广告主愿意在电视广告上投入费用的多少取决于节目的流行度和该节目吸引广告主目标消费者的潜力。

这么说的话，电视广告听起来就有点像谷歌的搜索广告。网络媒体对于特别火的节目所收取的广告费会更多，因为它们拥有比电视媒体更多的受众。并且，如果消费者觉得一则广告很有价值，或许是因为他们常买这种产品，那么广告主就愿意花更多的钱把信息传递给这类消费者。

我们已经在第2章中谈到谷歌是怎么利用消费者对广告的反馈来决定哪些广告主的广告可以通过某个特定的搜索关键词被放到显眼的位置。而问题是电视广告是如何收集数据的呢？尽管数据来源（你我这样的消费者）都是一样的，但是多年来营销者收集和利用数据的方式却经历了巨大的变化。

早期评测某电视节目受欢迎程度的方法是通过在受众中选取小范围的样本来跟踪记录其收视行为。尼尔森通过被测受众填写的收视日志来预测他们每周必看的节目，那么这就可以被用来评估全美电视节目的热度。除了提供收视信息，还能提供人口统计学信息，让营销者来评测节目在不同群体内的受欢迎程度。

在市场调查中，营销者关心的还是数据是怎样被收集的，因为这影响着数据的可信度。有时候，在"观测"法和"问卷"法中常会提及这个概念。比如，收视日志就是一种问卷法，因为问卷法依赖于个人对所看节目的陈述。对于大家都认同的节目，受众可能都会过度评价，而喜欢却评价不高的节目会让人产生内疚感。

休·劳瑞（Hugh Laurie）在《豪斯医生》(*House*)里扮演的医学博士

(MD)在日常生活中就面临着同样的尴尬。要找出病人所患疾病的潜在原因,就必须询问病人病情,但是他拒绝这么做。他反而依赖表现出来的病征。为什么?因为"人人都在撒谎"而"病征却不会"。着重关注在不同治疗阶段所显现的病征,再加上一点好莱坞式的想象力,豪斯医生能够推断并在之后诊断可能的病因。

那么这和测量节目是否受欢迎有什么关系?尽管监测收视日志的过程没什么可挑剔的,但是数据的准确性还有待商榷。此外,通过询问某一节目火不火的收视日志并不一定能得出有利于广告主的结论。收视日志能测量节目的收视情况,但不能测量某一节目的广告接触情况。所以,尽管该方法给广告主提供了一种间接判断自己广告被看到的指标,但是仅用这个数据却不能让人做出更好的决策。日志法的弊病还在于它像纸笔测验那样耗时耗钱。

如果我们有充分的能力去设计一种不仅能测得哪些电视节目受欢迎还能评估哪些广告接触了最多受众的方法,那么这种方法会是什么样的呢?最好是全自动的,那么收集到的数据就能被迅速地处理,还能转化为有用的测量标准。这样的系统类似于阿比创公司(Arbitron)开发的用来测量收听率以及尼尔森现在用来测收视率的人员测量仪。这种自动化的测量方法在处理速度和准确度方面有很大提升。尽管鉴于自动数据收集只能收集正在播放的节目而不能测量已看过的节目数据,存在一定的不完善性,但它避免了日志法个人陈述的不确定性。

我们要想对此有所改善,就可能需要更精细化的数据。比如,不是看测量受众的方法,而是开发一种系统能够满足每分每秒的收视范围的测量。这样的数据在今天被叫做"回传数据"或"机顶盒"数据。诸如凯度市场研究集团(Kantar)旗下的特恩斯市场研究公司(TNS)、尼尔森、Rentrak之类的媒介测量公司,都是用不同的方法来使用数据的。以凯度市场分析

第 3 章
用大数据优化营销广告的精准定位

公司提供的数据为例，很容易发现收视率的测量结果与节目播放时广告被观众看到的概率并不完全一致。受众会因收看不同的节目而在广告期间换台的频率也不同，再好看的节目如果在广告休息时间失去了一定量的观众，对于广告主来讲就没多大吸引力了，而那些在广告时段能留住受众的节目就是广告主争相竞标的对象。找到这种"少而精"的节目，对广告主来说就"太划算"了，因为这种节目有广告时段的高质量用户维持率。事实上，很火的节目由于它们无法在广告主大量投钱或者讨价还价的广告时段留住观众，也有可能变成"垃圾"。用电视广告非常依赖的粗浅数据，找出这样的节目还真的挺难的。

尽管这说明了用更好的数据可以提升业务水平，但前提是有地方可以拿到这种数据。由于机顶盒数据是由收看电视的同一设备生成的，因此它就提供了一种方便的收集数据途径。机顶盒就像电脑，每次你按下一个键，不论是换台还是关机，收视行为都会被记录下来。我们把机顶盒收集到你所调的频道数据与电视节目表对比，就能知道你正在看哪个节目。再看看你换台的频率，我们还能知道你可能看到了哪些广告。就像人员测量仪一样，数据是被动收集的，并且不要求用户有更多的操作行为。

数据越优质，广告越精准

如果数据不是靠机顶盒采集的，我们能再往前一步，看看数据在这之前是如何被使用的。与整个节目的受欢迎程度相比，或许一个组织会对节目是否在某一群体中受欢迎更感兴趣。研究者对美国总统大选的政治倾向和电视广告的关系作了分析，发现民主党和共和党候选人的竞选诉求会在不同的节目以不同的方式展现。例如，2008 年民主党在科幻节目上的宣传力度就比共和党大，而共和党更愿意在日间肥皂剧和脱口秀节目上花心思。

之后的 2012 年总统大选，奥马巴和罗姆尼两党阵营的宣传策略被讨论得沸沸扬扬。这些讨论里有价值的一点在于，它们点明了奥巴马阵营比罗姆尼阵营在大学足球比赛活动花的精力要多得多，这是凯度市场分析公司竞选活动分析小组得出的结论。尽管在最后这没能转化为支持奥巴马的选票，但如果是在诸如宾夕法尼亚州、密歇根州、威斯康星州和俄亥俄州等有大量球迷出没的地方，或许还能拉点选票，无论如何这还是说明了在节目里打广告不会得不偿失。

一般来讲，这就是典型的电视定位广告的例子。就像直销者通过关注特定数据来决定在哪儿出力，总统大选也是一样。地理位置是一个变量，在政治里尤为重要，因为这事关选举结果。在定位的同时还有哪些变量要考虑到呢？或许人口统计数据就暗含了你身在何处的信息。购买历史或许是另外一种电视广告确定目标用户的基础信息。卫星有线电视提供商正在开发一种将来能发送定向（针对潜在顾客的）广告的电视。

NBCU＋是康卡斯特公司（Comcast）推出的一项服务，它就把订阅数据和其他来源如安客诚公司和资信评级机构益博睿（Experian）收集的数据放在一起比较。该服务能使广告主向特定的、对广告会有积极反应的用户群发送广告。如果目标群体是想要小孩的年轻夫妇，就给他们集中发送强调安全性能的 SUV 广告；如果目标群体是单身男士，那就给他们推送轿车或跑车广告。

定向广告的目的在于，尽管你关注的是这一小撮人，但也是他们最有可能对你的产品作出回应。对营销者来说，这就是用花最小的力气来赚更多的钱。对于出售广告时间的网络媒体来讲，目的是用现在可用的同一广告时间来赚更多的钱。不是在特定时间向所有住户发同一张传单，而是向不同住户发送不同的广告。

最终，这就是营销者想降低成本并提高收益的问题。在把营销精力转战网络平台的时候，也要考虑其影响力。除了有共同目标之外，传统营销

第3章
用大数据优化营销广告的精准定位

和网络营销还有同样的决策基础,那就是消费者数据。就像在第2章提到过的互联网企业,利用现在已知的消费者数据,营销者正在考虑重新发挥电视广告(和我们待会会谈到的其他营销战术)的作用。

当传统媒体遇上新媒体

"交互电视"和"第二屏幕"①也是近些年业界热衷谈论的关键词。Twitter收购了社交电视分析公司Bluefin Labs,这是一家专注于监测有关电视节目的推文分析公司。Facebook最近宣布要与英国数据分析公司SecondSync合作。正当各大社交媒体争相在该领域血拼之时,作为电视测量骁将的尼尔森当然也不会闲着,它宣布要和Twitter合作开发一款以推文里面提到的不同电视节目的热度为依据的评级软件。

这种合作得出的早期结论之一,就是Twitter上热议的电视节目不一定是观众真正喜欢看的电视节目。营销者要辩证地看待这种联合。如果电视节目的评价和社交媒体评价的数据一致,那么生活就容易多了,我们完全可以只用指望电视节目评价这一"真够好"的收视测量工具了。但事实并非如此。所以,我们需要更牢靠的方法来测量收视行为以分配好在电视广告上的花费。尽管这会需要更进一步的调查,但是它提供了一种丰富观众收视体验的机会。

机会之一:用社交媒体数据来评估观众对于电视广告的反应。调查人员根据观众对超级碗(Super Bowl)②的反应来展开分析,发现含有社交内

---

① 第二屏幕(Second screen),指的是用移动设备(比如手机、平板电脑等)来看电视之类的视频节目。这类电视节目可分享到各大社交平台,用来支撑"交互电视"的发展。——译者注
② 超级碗,是美国国家美式足球联盟(也称为国家橄榄球联盟)的年度冠军赛,一般在每年1月最后一个或2月第一个星期天举行,那一天称为超级碗星期天(Super Bowl Sunday)。超级碗多年来都是全美收视率最高的电视节目,并逐渐成为一个非官方的全国性节目。——译者注

容的广告有助于提高社交媒体的宣传效果。尽管最终测量的结果是电视广告市场收入呈整体上升趋势，但能促进电视节目二次售卖的受众参与度却是重中之重。越来越多的社交媒体广告或许提供了一种评测广告到底有多吸引人的方式，这能给营销人员提供一种先见之明，可以根据销售情况谨慎采取行动。

机会之二：通过手机应用发送电视广告。社交媒体传播不是唯一的电视广告途径，早在这之前，甜点公司 Pillsbury 和软件开发商 Shazam 就携手开展移动营销。Shazam 的手机应用变得非常受欢迎，因为它能帮助音乐发烧友通过一小段音频内容来识别歌曲。如果这首歌是在室外的某个地点播放的，你又一时想不起来歌曲的名字，那么你就可以拿出手机打开应用，分分钟就能知道答案。这主要是使用了内容自动识别技术。通过已经建立的音乐库，Shazam 根据它听到的音频片段就可以在其资源库里找到你想要找的歌。

那么像 Pillsbury 这样的品牌又是如何利用的呢？哈佛商学院有个案例分析就提到专营蔓越莓的公司 Ocean Spray，并分析其是怎样提高蔓越莓酱销量的。因为大多数人都知道蔓越莓酱，所以要通过吸引新顾客来增收看起来好像不太可能。那么要增加利润空间，还得在一直购买蔓越莓酱的老顾客身上花心思。

Pillsbury 也面临同样的难题。谁没有看过 Pillsbury 独具特色的面团宝宝电视广告？如果你走进一家便利店，摆在货架上的 Pillsbury 系列商品随处可见。月牙卷、酥皮饼、曲奇面团等，不一而足。Pillsbury 公司准备通过为消费者提供特色产品的食谱来提高销量。如果你正想着在感恩节大餐上准备点月牙卷或饼干，那么怎样做才能吃得尽兴而不浪费呢？根据食谱，你可以在准备火鸡和蔓越莓三明治的同时，还能加上点 Pillsbury 饼干或一份刚出炉的单层馅饼。除了准备把月牙卷来当主餐，你还能把它和热狗或

第3章
用大数据优化营销广告的精准定位

小香肠卷在一起吃。并且,一开始不要吃甜点,比如 Pillsbury 的即食曲奇饼。

Pillsbury 就是这样把食谱放在其官网上,等消费者自己来按图索骥。然而,电影《梦幻成真》(Field of Dreams)中那句"梦想是要有的,万一实现了呢"(build it and they will come)的台词并不是提高销量百试不爽的方法。况且,最终有哪些消费者会来访问网站并查看食谱呢?或许是那些已经买过 Pillsbury 产品的老顾客。更进一步讲,如果已经是这个牌子的死忠,那么想办法来提高他们的购买量好像没多大利润空间。

一些人会认为,迎合大众会得不偿失。尽管这有些道理,但是花太多时间指望老顾客(因为他们已经是你最热心的支持者了)买的更多真不太划算,当然这也不是说就可以对他们置之不理了。创作的在线内容只要能吸引顾客并加深他们与品牌之间的联系就是再合适不过的了。还要注意的是,网上内容有可能吸引不到足够的潜在消费者。

品牌营销中专门有个术语经常被用来描述消费者的购买行为,即"购买漏斗"(Purchase Funnel),也就是说是消费者是根据自身不同阶段的需要而做出购买决策的。产品投入市场的早期,企业必须提高消费者对于品牌或者产品的认知度。除了让消费者对品牌有印象之外,还要诱导消费者产生品牌认同感。当你考虑买一辆新车,你首先想到的是哪个牌子呢?你不假思索地说出某个品牌的名字,你会倾向于购买这个牌子的产品。一旦消费者有自己认定的品牌,最重要的就是看如何诱导消费者的购买行为了。尽管营销行为最终会促使消费者做出购买的决定,但是像消费者需求之类的外部因素同样也起着积极的作用。

电视广告无疑是品牌构建策略的一部分,能够帮助消费者认识和依赖某个品牌。然而,电视这种媒介的局限之一就在于看电视是一种被动的观看体验。这和我们在线主动消费媒介内容有天壤之别,我们浏览的网页都

Profiting from the Data Economy:
Understanding the Roles of Consumers, Innovators, and Regulators in a Data-Driven World

| 大数据经济新常态：如何在数据生态圈中实现共赢 |

是出于自主的选择。

想方设法说服消费者购买 Pillsbury 产品的电视广告是一回事，而让他们浏览该企业的网站和下载那些食谱又是另一回事。Pillsbury 和 Shazam 合作营销就解决了这个问题，只需打开带有内容自动识别技术（ACR）的 Shazam 这个手机应用即可。如果用户被一些东西所吸引，她不需要用笔记本电脑或平板电脑来点开网址。她只需要登录 Shazam 手机应用并使用 ACR 服务，她就能进到想进的网站。要注意，尽管这能吸引电视观众前来索取在线食谱，但前提是节目内容必须能够激发观众想到实体店购买该产品的欲望。

电视广告转战"第二屏幕"的努力带来的好处就是可以提升品牌信誉度。广告有没有说服消费者做出购买决策？这是个再简单不过的问题，不是么？我们最需要知道的就是这个人有没有看过广告，这个广告有没有让他产生购买的欲望。然而，所有用来测量电视广告效果的方法，都不能说明电视节目的观众是不是真的看了广告，更不用说他们有没有购买广告中的产品了，甚至最新的机顶盒数据也无法告诉我们这些信息。它只能说明观众是否有机会看到一则广告，但不能说明广告播放时他们正在电视前或者是否注意到正在播放的广告。

然而，上述电视广告无法解释的问题正是在线广告的优势。我们怎么知道是否有人对在线广告有所回应？我们不仅可以追踪消费者有没有接触到广告，还可以追踪他们有没有点开这些广告。要注意，在线广告对于看到但未点开的这些消费者来讲还是有些影响的，这些未被点开的广告和消费者最终会点开的同一品牌的广告之间还是存在因果关系的。

Shazam 应用和其他连接了收视和在线行为的手机应用，提供了测算电视广告的其他方法。该种方式可以轻而易举地被用来识别某一来源的流量和追溯某一特定网站。对于 Twitter 上的营销主题链接同样如此，这些内

第3章
用大数据优化营销广告的精准定位

容可以在电视广告中找到原型。Twitter正在探索电视广告主付费的"营销推",对于那些谈论有广告的电视节目的顾客的影响,这么做是为了加深营销信息被顾客选择性理解的程度。对于在线售卖的商家和品牌来讲,直接在内容里添加和电视广告相关的产品链接就能促进销售。

看过《电视的将来》(the TV of Tomorrow)这个节目的人不会反对电视不是"传统媒体"的说法。像现实世界(Visible World)[①]这样的公司把ACR技术拓展到电视机领域,使得电视网能够测评其推销自己节目的效能。其他类似Delivery Agent这种提供代理传播服务的公司正在建立商业平台。这些公司的创举都要建立在这样的基础之上,即收集更多观众消费电视节目的详细数据并将其转换为市场决策的能力。另外,他们还要弄清以下问题:消费者在看什么节目?哪种品牌的广告更能诱发他们的行动?消费者在线或在社交媒体上讨论的内容有哪些和广告诉求中的创意点有关?

只能说,通过电缆和卫星收集并存储在机顶盒的数据是无价之宝。选择观看哪个电视节目、看了哪个广告的数据和那些广告被屏蔽掉的数据一样重要,这些数据都能在日常用户的收视行为中收集到。这样我们每个人就可以在各自的屏幕上看到自己感兴趣的广告了。尽管这类数据具有潜在价值,但它们还只是原始数据。如果不知道如何利用这些数据,那么仅仅只有数据而已,无法创造出价值。或许当这些数据与类似购买明细或其他媒体消费信息的其他数据源结合后,机顶盒数据才能为企业带来更多的价值。尼尔森和阿比创市场研究公司的联合企业就有一个极具潜力的既收集数据也利用数据的阿波罗项目。然而,在我们实现理想之前,还需要理解有潜力的洞见所带来的价值。

[①] 现实世界是于2000年在纽约成立的媒介公司,是当时全美最早提供可寻址的电视广告技术的公司。——译者注

|大数据经济新常态：如何在数据生态圈中实现共赢|

你生命的价值何在

　　填一份人寿保险的投保单是一件非常可怕的事情。就人寿保险而言，保费是基于你能活多久来收取的，因此你的寿命决定了保单的时效性。保险政策是根据预期的现金流来制定的。保险公司想赚大量的保费来弥补其保险政策的预期支出。保险公司能获取的关于保险人身体健康的信息越精确，那么其保险政策的定价越容易。为了顺利投保，你要回答一长串关于你个人病历和你家庭病史的问题。

　　除了回答这些必答问题之外，你还要回答关于你生活方式的问题。举个例子，如果你是个重度吸烟者，与不吸烟的人相比，你的死亡概率会比前者高得多。虽然这并不一定适用于每个人，但你是这个例外的概率非常小。如果你经常从事风险性极高的活动，比如高空跳伞，那你也能想到自己可能会比那些过着平凡生活的人付出更多的保险费用。

　　保险公司正试着收集更多关于消费者的数据，来针对不同风险的个人收取不同的保费。在汽车保险这一块，像 Progressive 和 State Farm 这样的公司都提供了一种能安装在车内并监测顾客驾驶行为的电子设备。如果你开车时一直都比较注重安全问题，比如车速不是很快或者从来不急刹车的话，那么保险公司就能推断出你比所属群体中其他开车超快、横冲直撞的人出交通事故的风险更小。因为相对来讲，你是个很谨慎的车主，或许你遇上交通事故或造成悲剧的概率比较小。保险公司以此来衡量你投保的费用和需要事后支付给你的补偿，在你提交保单的时候，他们就会收更少的保费。

　　出事风险不高的顾客降低了汽车保险商的成本，这一逻辑同样适用于医疗保险的成本减少状况。比如，电动牙刷用来收集使用者的刷牙行为。如果每天刷牙两次减少了牙医未来的工作负担，那么这对保险公司而言，为投保人提供数据分享的设备就是划算的，并且收取其较低的保费而让这

第3章
用大数据优化营销广告的精准定位

些投保人觉得保有所值。

当然，就算对消费者来说，既要认识到分享自己的数据有潜在的好处，也应该注意到这样做的弊端。要是汽车保险商通过其收集的数据知道你是个没有安全开车习惯的车主，会怎么办呢？要是医疗保险商通过你提供和其收集的数据，知道你有患某种疾病的高风险，会不会收取你更高的费用呢？在现行法律下，消费者签署的健康险可以不用提供关于自身目前的健康状况，而这些信息原来是被保险公司用来评级收费和决定他们愿不愿意受理业务的关键。现在，保险公司正试着收集和这些信息相关的数据来确定下一年的保费。

提供这类数据有可能让消费者获利，说明他们可以比其他人花更少的钱来享受保险服务。这部分消费者非常重要，因为对公司来说，这些顾客节约下来的成本可以帮助弥补为其他顾客提供服务的费用。那么哪些消费者应该花更大的费用来投保呢？对那些很有可能非常需要保险服务的顾客收取高保费合适吗？或者，抛开公司提供保险服务的成本不谈，所有投保人是不是都应该被一视同仁呢？正如我们将要在第4章讲的那样，企业收集数据并利用基于数据得出的结论来指导业务实践，会对社会造成一定的影响。同样，企业虽然现在不能直接收集到想要的数据，但可以用其他数据源来解决该问题。比如，金融资信评级或许能向企业提供顾客现状安稳与否的信息，因为财务状况不仅影响消费者正常的消费情况还会影响其身体健康状况。如果这类相关的数据可以公开获取，那么企业就能坦然面对法律约束其数据收集行为的压力了。

找准时机才是王道

到目前为止，我们谈论的大部分内容都集中于如何把合适的信息传送给合适的消费者。然而，人都是会变的。人们现在想要或需要的东西

Profiting from the Data Economy:
Understanding the Roles of Consumers, Innovators, and Regulators in a Data-Driven World

| 大数据经济新常态：如何在数据生态圈中实现共赢 |

肯定和一两个月前的需求大不相同，或者半年后人们现在需求的东西也不会再吸引自己了。所以，公司应该给消费者传递他们现在需要或喜好的信息，而不是给他们大多数情况下都能吸引人的广告。公司越是知道消费者是在哪种情境下做出购买决策的，那么其营销信息就越是能够和消费者产生共鸣。

把上述想法用到更多的服务提供商的实践中，我们看看会发生什么。以金融服务为例，在你生命的不同阶段，你就会有不同的财务需求。当你和父母生活在一起的时候，你或许有个随时间增长的储蓄账户。当你搬出家一个人住的时候，你或许会开个支付账户来应对日常消费。与此同时，你可能会为了方便在同一家银行申请信用卡。最终，你也会开始考虑申请一笔房贷或车贷，或者开一个退休账户。当你有一定资金实力的时候，你可能还会对金融类投资理财产品和服务感兴趣。

尽管稳定的财务状况或许会经过很长一段时间才能实现，但是我们看到，在类似电信这样的行业领域，消费者偏好的转变还是很快的。国有电信服务提供商所提供的数据呈现出三种不同的消费者行为状态：一开始订阅服务的消费者大抵都会"照单全收"，也就是说他们会接受服务提供商提供的全部业务；过一段时间，消费者就会"有所取舍，他们只订阅一些优质服务而不是全都订阅；到最后，还有"精打细算"型的消费者仅仅只保留基本的通信服务，并对所有附加业务都不感兴趣。客户不同的行为状态是随着客户关系的发展而演化的，这就说明消费者在使用不同业务的同时，也在学着评估这些业务的价值，结果导致他们的偏好会发生根本性的转变。

在这些例子中，企业通过自己积累的数据和来自其他相关领域的可用信息就可以解决常见的客户关系问题。哪种产品或服务是消费者将来要消费的呢？哪些类型的消费者是公司需要花心思来减少流失的可能？为了让上述问题得到有效解决，公司需要识别让消费者转变偏好的原因。更具体

第3章
用大数据优化营销广告的精准定位

来讲，公司需要提前认清消费者改变态度的倾向。

有个发现消费者态度转变的方法，就是把消费者行为和人生大事联系起来。以吉列男士剃须刀为例，该公司会给年满18岁的年轻男士邮送最新款的可更换刀片的剃须刀作为生日礼物。吉利之所以愿意亏本免费赠送剃须刀，是因为最终决定使用该"礼物"的人会在可预见的未来优先购买这个牌子的剃须刀。近来，塔吉特公司也针对目标客户开展了声势浩大的促销活动，这些目标顾客是商家通过数据预测的那些准妈妈们。

塔吉特公司基于顾客购买行为分析制定了一个积分系统，通过消费者行为就能识别谁最有可能怀孕。尽管买纸尿裤会是一个清楚的信号，但是消费者刚怀孕的时候根本不需要这种产品。他们购买维生素和带香味（或不带香味）乳液的次数或许可以积累到"怀孕"类顾客的分数里面。一个超大号的手提袋或许比纸尿裤更能说明该顾客具有怀孕的征兆。算法还会精确到让塔吉特公司给那些告诉家人自己怀孕的大学生发出针对性的促销广告。塔吉特公司的做法说明了数据和分析是怎样被用来处理主要的商业问题的。但另一方面也强调了数据驱动型决策有误用的可能性。

尽管我们弄清了为什么银行可能会对用户将来可能会购买哪些理财产品有很大的兴趣，店家或许想知道哪些客户怀了孕，但其他公司能否利用类似这样的数据呢？当我搬到新的地方买了一幢新房子，我就能收到铺天盖地的房产按揭保险广告。尽管房贷和房产按揭保险有很明显的直接联系，但是两者之间的间接联系照样也能派上用场。关心消费者在人生特定阶段活动的企业或许会把注意力放在最近刚买了某一户型房子的消费者身上。塔吉特的例子就说明，它或许会和脐血存储机构和公司合作，因为这些组织提供了产前班或装饰育婴房之类的服务。我们在后面章节会进一步讨论数据隐私问题。我们已经讨论的内容，只是认清了识别这些处于人生特殊阶段消费者信息的潜在价值。

Profiting from the Data Economy:
Understanding the Roles of Consumers, Innovators, and
Regulators in a Data-Driven World

|大数据经济新常态：如何在数据生态圈中实现共赢|

你的位置信息有何用

　　与在合适的时间传递信息来提升营销效果的动态营销策略一样，最近的创新策略是给消费者发送在场的广告或者"地理位置定位"广告。谷歌早就已经用其搜索结果和广告这样做了。如果你在旧金山搜索日本料理和你在纽约的家里搜索日本料理得到的是同样的结果，那就没什么实用价值了。基于你所在的位置来考察你的搜索词条，你就会看到一系列针对你个人需求的搜索结果。你在手机上看到的搜索结果和你在台式电脑或笔记本电脑上看到的搜索结果也都不一样。

　　智能手机给卖家创造了无数的商机。因为它具有了获取消费者准确位置的可能性，许多卖家借此定位自己零售店内及其周围的顾客。苹果公司的IBEACON功能让商家能够向那些在店内主动选择接收信息的用户发送促销广告。比如你在店内的男鞋区，正要经过衬衫和裤子区，店家就可以向你发送折扣信息引导你进入该区域。还有一种情况就是，该区域内的商家还会向你推荐某品牌的衬衫，因为这是和你一样在男鞋区买过同款鞋子的其他顾客所买过的商品。

　　对消费者来讲，分享此类位置信息的好处是能够丰富购物体验，即使这种体验是以折扣或私人推荐的形式进行的。尽管只有一个顾客的位置信息不会对卖家有多大帮助，但假设卖家知道许多消费者经常出入的店铺活动轨迹，那情况可就大不一样了。结合消费者的购物记录，店家就能通过顾客购买的商品找出这些消费群体的活动轨迹，通过这些共同的轨迹就可以向其推荐具体的商品。这种方法的效果已经被大型超市带有RFID技术的购物车所证明。利用消费者手机来追踪他们的位置信息能够让我们跟着同一个人穿梭于不同的商店，这样就能建立一个丰富的包含消费者偏好和习惯的资料库。

　　当然，你会希望店家会采用这样的系统，你甚至还会希望这样的系统

第 3 章
用大数据优化营销广告的精准定位

是谷歌和 Facebook 开发的,因为他们已经在自己的广告业务应用了消费者的位置信息。甚至苹果也会想着致力于开发一种数据收集生态系统,因为其手机设备的研发重点正集中于此。

那么像 AT&T 和 Verizon 这样的电信运营商呢?他们当然也不甘示弱。接入他们网络的手机就能加快此类数据的收集。对他们来讲,推送手机广告是顺理成章的事情,因为他们获益于用户分享的位置信息。然而,IBEACON 和 Pathtracker 允许卖家将定制的广告在传感器及其附近的位置发送给顾客,所以对于在店外或者店周边的顾客营销还是有利可图的。不论这种广告是网络运营商为开发新的盈利业务而提供的,还是第三方广告平台的创业公司所提供的,所有公司大有可为的结果还是归功于拿着手机到处闲逛的消费者。不管他们是主动还是无意识地分享位置信息的,他们都是这些无价营销数据的志愿提供者。

> 你怎么看
> Profiting from the Data Economy: Understanding the Roles of Consumers, Innovators, and Regulators in a Data-Driven World

如何接触到今天的消费者

今天的卖家比以往面临更多的决策,特别是关乎如何用不同的方式让信息接触到消费者的问题。比如,大型金融服务机构需要在吸引新用户的同时,还要维持已有的客户关系并希望他们再继续使用其提供的服务,而不是在对手身上花过多的精力。

1. 金融服务机构有一系列金融产品,那么该机构如何利用消费者生成的数据来识别哪些产品会对已有顾客更有吸引力?

2. 金融服务机构会用何种数据(内部收集的还是外部购买的)来识别对自己产品感兴趣的潜在顾客呢?

3. 为了接触到潜在和已有的顾客群,金融服务机构如何在电视广告、互联网广告或手机广告中选择合适的营销平台呢?

4. 消费者收到或者处理营销信息的情境是受多种因素共同影响的,比如信息接收的时间和地点等因素。消费者产生的数据会使得服务提供商提供的信息更加符合传播情景吗?较之于不考虑情景的精准营销方式,服务提供者怎样从涉及消费者当时当地情境的动态营销中获得额外好处?

Profiting from the Data Economy:

Understanding the Roles of Consumers, Innovators, and Regulators in a Data-Driven World

第 **4** 章 | 大数据改善公共服务

Profiting from the Data Economy:
Understanding the Roles of Consumers, Innovators, and
Regulators in a Data-Driven World

|大数据经济新常态：如何在数据生态圈中实现共赢|

我们在前几章中已经提到，数据给企业和组织比如总统大选之类的活动带来了大量机会。愈发精准的定位所带来的营销丰硕成果，已经把互联网塑造成一个真正的游乐园。对于卖家而言，他们能够把消费者在网上留下的数据足迹转化为对于某个个体行为目的的切实描述。这个游乐场的比喻大概要归功于谷歌首席经济师和加利福尼亚大学伯克利分校的荣誉经济学教授哈尔·范里安，他说过"未来十年最迷人的工作就是数据分析师"。

随着数据收集越来越方便，麻省理工学院数据商务中心负责人埃里克·布林诺弗森（Erik Brynjolfsson）认为："最大的问题将是人类利用、分析、转化数据为决策的能力。"这种能力该怎么转化为盈利能力呢？诸如亚马逊和谷歌这类互联网企业已经拥有了此类能力。谷歌雇用了一大批项目分析师，包括如何提高其搜索结果的性能。无数像亚马逊和 Intuit 之类的公司，都是利用自己收集的网上数据摸着石头过河。结果显示，他们成功的先例意味着数据收集对公司的益处，并且还不断激励着那些把数据变成商业洞见的人才。

2011 年，《商业周刊》有一篇文章报道了其首席执行官所说的话："硅谷当下最贪婪的人不是软件工程师而是数学家。他们不断刺激着你的想象，即在遥远的未来会有更多的人看到我们的广告。"这群人在华尔街被称为"宽客"（quants）。游戏公司 Zynga 把他们叫做"数据忍者"。企业家就像是偶然发现了炼金术，把消费者提供的数据变成了成功的商业实践。然而，Facebook 早期的助理研究员、Cloudera 公司的联合创始人杰弗·哈梅巴赫

第4章
大数据改善公共服务

（Jeff Hammerbacher）指出："我这一代人都在想着怎样让人们点开广告。真够糟的！"

靠广告维持运营的互联网不一定就不好。如果有像谷歌、Facebook 和 Twitter 这样企业的资金支持，还是能够让我们的生活变得更加便捷的。营销者以前会花钱赞助电视节目，而现在他们会资助网络媒介内容。然而，难道我们利用消费者每天生产的大量数据，唯一能做的事情就只是把广告提供给合适的受众么？

数据能被用来保护公众和服务社会吗

或许我们还看不到很多有关数据用于非商业用途的例子，但只要看看数据起初是如何被那些具有先见之明的人高效利用的，就不难回答本节开头所提出的问题。警察部门和消防部门能否综合利用数据来优化他们的行动造福公众呢？这一切将取决于你怎样看待。好莱坞在发现数据使用潜力方面做得不错，或者说做得非常具有开创性。在《少数派报告》（Minority Report）中，我们看到未来的场景是这样的：警察基于预先知道的信息可以在罪犯行动之前就把他缉拿归案。那么这就出现了一个伦理问题，即逮捕某个还没有犯罪事实但有作案动机的人合不合适？虽然这个问题不在本书考虑范围之内，但它和我们接下来要讨论的问题有关，这种场景在现实中可不可能发生呢？也就是说，有没有可能识别具有犯罪动机的人员？

尽管电影和电视节目夸张和美化了这种监测行为，但这样的想法早已经被应用于实践了。孟菲斯警察局和 IBM 公司合作开发了一种预测性工具来降低城里的犯罪率。合作的结果是，暴力犯罪率下降了 15%，情节严重的犯罪率下降了 30% 之多。

犯罪率的降低归功于 IBM 公司一款基于"循证法"开发的软件。换句话说，统计数据能用来预防犯罪的发生。被称为"犯罪率下降的统计分析纪录",给警察办案提供了诸如犯罪类型、犯罪时间和涉案人员个性特质(包括犯罪嫌疑人和受害者)等数据。那么警察开展工作就不是靠电影的虚构而是得力于统计分析的大量数据。

这种分析的结果之一就是得到一张市内"犯罪率高发区"的地图。根据所记录的不同类型的犯罪活动的时间和地点，就能预测罪犯的动向和犯罪活动高发的地点。提前知道这类信息，警察部门就能更高效地配置包括人力在内的各种资源。

亚特兰大警察局的门户网站就有犯罪活动的详细记录。该网站除了有"每周罪行一览"之外，还有包括关于每起犯罪事件原始数据的万年历。每起事件不仅会记录犯罪的类型，比如入室盗窃或严重的侵犯行为，还会记录事件发生的地点，并能够被精确到某一经纬度坐标。事件的发生时间就更不用说了，都会被记录在案。

此类数据提供了基于"热点"而预知犯罪活动的信息。通过附近这一类犯罪活动是不是能预测该区域内更加严重的犯罪活动呢？能不能预知该区域年复一年的犯罪活动类型呢？用数据可视化工具比如 TABLEAU，我们就能着手回答上述问题。尽管我们有了一张犯罪活动类型的热点地图，但这无法提供犯罪活动的详细信息。我们无法想象未来会有每天、每周、每月生成的热点地图。就像翻书一样，按照时间顺序排列而综合的各类地图，会立体地呈现出犯罪活动的空间和时间信息。这样描述性的统计数据有助于开发像 IBM 和孟菲斯警局已经使用的预测性和说明性的工具，使得警察部门可以提前优化资源配置。

尽管关于犯罪发生的时间和地点的详细记录对于控制犯罪率非常必要，但同样重要的是要让人更好理解犯罪率上升的原因。美国罗格斯大学研发了一种能够帮助全美的警察部门识别环境因素与犯罪活动增加的有关应用。相对来说，利用售酒执照软件和地图软件，就能轻而易举地知道酒

第4章
大数据改善公共服务

吧和夜店的位置信息。当然，或许还有其他数据源能够进一步完善警察部门的执勤任务。

关于公共数据的重大发现

警察部门不是唯一一个发现数据价值并用来优化业务的公职部门。消防部门利用可得的数据来识别相对容易发生火灾的建筑物。他们所收集和火灾相关的数据大都是常规信息。比如，建筑物的使用年限、有没有发生过用电短路事故、建筑物空置会不会提高火灾的发生率等信息。尽管这些都是一目了然的关系，但纽约市的消防部门还是开发了一种评分算法（从理论上讲，和塔吉特用来测算顾客怀孕概率的算法系统如出一辙），考虑了将近 60 多种不同的能够预测这些建筑物发生火灾的间接因素。测算了超过 300 000 幢建筑物的算法，让工作人员能把精力集中投入到发生火灾的高风险区域。这样做有什么好处呢？如果火灾发生而无法改善人员伤亡的情况，那么可以避免财产方面的损失，同时纳税人的钱再也不用花到消防部门需要配备的灭火器上了。

首先把公共数据用来优化业务的是纽约市。纽约市公开数据（NYC Open Data）把市内各种机构生成的数据综合到一起，并授权企业可以商用。在该门户网站上有超过 1 000 种可用的数据类型，比如该市 2011 年最受欢迎的宝宝名字、自行车道被违规占用的区域、邮政编码的 311 咨询服务。最早的例子要属纽约市政的数据分析办公室，该办公室成功识别了一些违法改建的公寓。据纽约市首位数据分析官迈克尔·弗洛斯（Michael Flowers）称："关于房屋改造的问题，每年纽约市要接到约 20 000 至 25 000 件投诉，大部分投诉都在讲'一个本来正好容得下 6 个人居住的公寓或房子，房东会想方设法利用空间让 60 个人挤进来住'。这说明有严重的公共安全隐患，不止是容易发生火灾，还容易发生犯罪行为和传染流行病。

为了解决上述抱怨,我们的建筑管理中心大约配备了200多名稽查员。"

在这种情况下,什么样的数据源和分析应用会有所帮助呢?就像在维克多·迈尔-舍恩伯格和肯尼斯·库克耶在《大数据时代:生活、工作与思维的大变革》(*Big Data: A Revolution That Will Transform How We Live, Work and Think*)一书中详细指出的那样,弗洛斯和他的团队得从各种机构收集数据。尽管我们不知道哪幢建筑被非法改造了,但我们可以了解和这个问题相关的信息。如果一个地方住了很多超过其自身容量的人,那么这家的电费和其他能源费用就会比平均水平高出很多。公共卫生问题也会出现,因为更多人住在一起,不可避免地会有更多的生活垃圾。这个线索可以融入我们之前已经讲过的类似的积分系统里面,工作人员就可以把纽约市的900 000个建筑物每个都标上号,然后测算每一幢建筑物非法改造结构的概率。有了这个积分,建筑管理中心就能确定向哪个区域指派稽查员了。稽查员会发现,他们所到访查出违建屋的概率是13%,而用积分提示所发现的违建屋的概率会超过70%。

再举个数据分析办公室成功应用公开数据的例子。纽约市的烟草税务稽查,对数据的有效利用使其工作效率从30%提高了80%之多。弗洛斯还说:"正是出于政治决策的社会效益考虑,我们才不希望人们吸烟,因为这对我们的公共服务有很大影响"。这说明用同样的方法能够提高其他政治决策的可行性。分析还被用来处理处方药滥用的问题。研究人员比较药店的规模及其收入,找出那些售卖含有大量欧克西克锭药品的药店,结果发现有21家药店共有超过2 100人申请了关于欧克西克锭的医疗救助补贴,这超过总数的60%。而这21家店里有20家销售过假药。

在这些例子中,公职部门正在利用其他机构已经收集到的数据为公众谋福利。弗洛斯还说:"纽约市政府知道市内日常活动中的市民、地点和商业所有信息。"正是通过这些监管措施,城市顺理成章地设立了数据分

第 4 章
大数据改善公共服务

析办公室,旨在提高公共服务的水平。这样做的好处就是提升了公共安全,并且使纳税人的钱正好花到刀刃上。

现在考虑一下,如果公民愿意提供更多的数据,会发生什么呢?或者这样说,如果我们愿意以每年必缴税收之外的方式为城市管理部门提供我们的私人数据,会发生什么呢?相关公职机构会利用额外的数据更好地为公众服务吗?如果我们明确地说答案是肯定的(更多的数据总是能带来更好的决策),那就再好不过了。然而,现实却不是这样的。其他方式收集来的数据会造成数据泛滥,这样反而不利于做出有价值的决策。更多的数据还会出现更多噪音,这加重了分析工作的负担,因为要把它剔除才能得到利于决策的信息。对商家来讲,数据中的噪音会造成资源的庞杂,分析成本上升而盈利下降。而对有先见之明的公职机构来讲,这样的噪音对于维持社会安全是极为不利的。

质量胜于数量

詹姆斯·索洛维吉(James Surowiecki)详细描绘了群体智慧的概念,它指的是某个大群体的集体意见优于一小撮专业人士的意见。还有类似的说法为"在足够吸引眼球的情况下,所有的错误都微不足道"。在很多情况下,我们都提倡群策群力。如果你一直看《谁想当百万富翁》(Who Wants To Be A Millionaire)这个节目,你就会发现参赛者会用到现场求助观众投票决策的机会。这样就将问题抛给了场内观众,参赛者就观众投票的结果来选择答案而不是仅仅靠自己的直觉来判断 4 个选项中哪个是正确答案。在很多情况下,如果大部分观众一致同意某个答案,那么这个答案通常就是正确的。很多人对于莱昂纳多·迪卡普里奥(Leonardo DiCaprio)和凯特·温斯莱特(Kate Winslet)主演的《泰坦尼克号》并不陌生,然而被问及该艘游轮的全称(RMS Titanic)中 M 代表哪个单词的时候,仅有 2% 的观众回答正确，即 M = Mail，91% 的观众选择"March"，5% 的观众选择"Military"，剩下的 2% 选择了"Medical"。

那么多人是怎么同时得出不正确的答案的呢？如果群体中的每个人都没主意，我们大致能预测每个答案被选择的概率是四分之一。然而，我们在这个例子中看到了群体认知的系统偏差。想想一群弓箭手正在进行射箭比赛（见图 4—1）的场景，就不难理解这个问题。如果经验丰富的弓箭手想射中靶心，那么可以想象其射出的箭呈紧簇状态。如果他们技术不好，那么我们可以看到一些弓箭会射向左边，而另一些会射向右边。在这两种情况下，我们假设弓箭手的目标是要射中靶心。如果我们把上述射箭结果放到一起来对比，即使两种情况的离散程度不一样，我们也会发现弓箭所射中的位置都紧靠靶心。虽然技艺精湛的弓箭手能把箭集中射向靶心，而技术欠佳的弓箭手就会把箭射得到处都是，但是总体来讲，他们都想射中靶心。

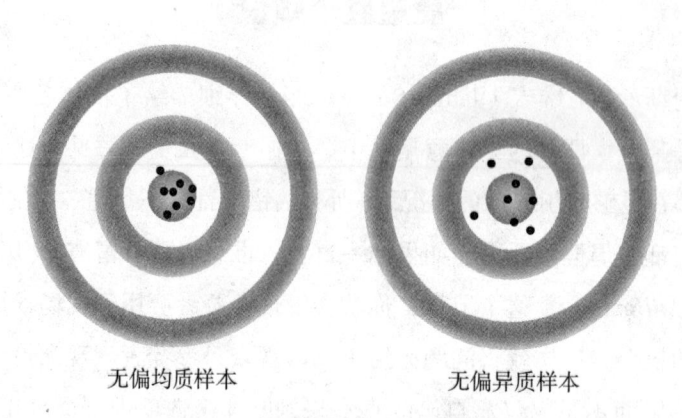

无偏均质样本　　　　　　　　　无偏异质样本

图 4—1　聚集靶心的无偏结果

射出的箭的离散程度就有点像一个问题得出不同结论的情况。如果每个人都有类似的观点，那么射出的箭就会聚集在靶心。不同意见的人越多，那么箭离散的程度越大。然而，在大家的答案都不是正确答案的情况

第 4 章
大数据改善公共服务

下,会发生什么呢?不论是接近还是偏离正确答案,你得出的结论都是那个射不中靶心的结论(见图 4—2)。这就是我们在"求助现场观众"的时候大多数人都选错的原因。尽管每个观众只能选某一个答案,但不是正确答案。

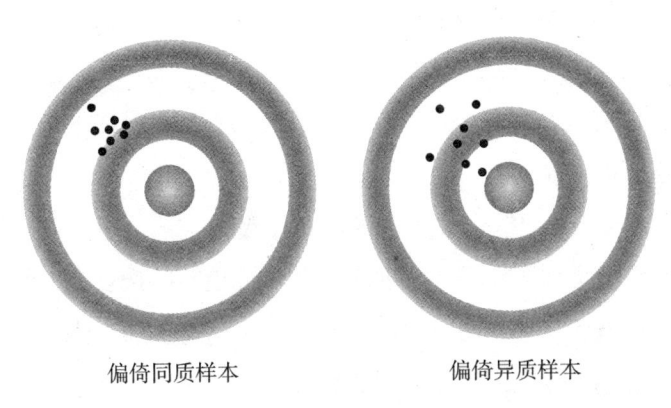

偏倚同质样本　　　　　偏倚异质样本

图 4—2　系统性偏离靶心的偏倚结果

2013 年 4 月 15 日,在波士顿马拉松大赛的终点附近有两颗炸弹爆炸了(即"波士顿马拉松爆炸事件")。同时官方正在努力追踪袭击事件的嫌疑人,很多人就利用社交媒体开始了他们自己的调查。就算这些个体有崇高的调查动机,但这种众包式调查结果充其量也只是含混不清的。很快就有人发现了其中一位犯罪嫌疑人卓卡哈·萨那耶夫(Dzhokhar Tsarnaev)的照片。这张照片不是市内的监控器拍下的,而是一位马拉松大赛的参赛者用苹果手机拍下的。

这张最后被认定为罪犯的照片,不是唯一通过在线业余侦探(网民)发掘出来的例子。尽管他们能认清真正嫌疑人达莫兰·萨那耶夫(Tarmerlan Tsarnaev)戴着黑色棒球帽这一显著特征,但群体的搜寻却是一种广泛撒网的结果。正如《大西洋月刊》(*Atlantic Monthly*)的资深编辑亚力克斯·玛德瑞格(Alex Madrigal)所言,在这个过程中,他们找出任何可疑的特征如下:

经常背着背包的人或许看起来更像恐怖分子。NPR驻外记者斯蒂夫·赫恩（Steve Henn）也说，这些个体之所以觉得符合这种特征的人可疑的原因在于他们都觉得自己是神探"布朗"。他还说，在线推测有利于促进调查者早日公开嫌疑人的照片，这样会消除分散公众注意力的谣言。然而，这只能引发一波新的猜测，误以为布朗大学（Brown University）的学生和爆炸事件有关。玛德瑞格把那些人参与过的网络侦察活动叫做"危险的实验"，并声称这种"警觉"是未经检验的，因为我们看待自身线上和线下行为的方式是截然不同的。

"无用输入，无用输出"是市场调查过程中经常被用来强调问题设计的好坏对于问卷测试的结果有多重要。如果你填写的调查表上的问题与你正在做的事情毫无关系或者如果问题出得文不对题，那么你可能会得出这份问卷很糟糕的结论。对于已有的可使用的数据来讲，这也是一样。从本章所举的例子来看，警察部门、消防部门以及市政管理部门都在使用已有的可获数据，这些数据根据他们不同的使用目的而体现出不同的作用。虽然综合居民所提供的数据能够帮助他们进一步开展工作，但值不值得开发此类便捷的收集处理数据的系统，还要比较其成本和预期收益。

这是不是说明我们不用对众包行为过于热情？但企业采取的措施可不是这样，他们都有自己的众包网站，比如戴尔的IdeaStorm、星巴克的My Starbucks Idea等在线平台。很多平台用观点生成、用户点赞的方式积极践行着"众包"这一概念。就像DORITOS在超级碗上的众包广告。谷歌用了10亿美元收购了一个利用众包数据的手机应用Waze（即众包地图）。

就像这些案例所隐含的，这些数据的价值都是在大量客户基础上形成的。或许这其中的经验就是众包数据如何被利用。对于波士顿马拉松爆炸事件中找疑犯这件事，Reddit、4chan和其他网站平台上的用户都是好心的，

第 4 章
大数据改善公共服务

他们提供的图片信息也是都有价值的。但是,无休止的猜测会分散搜捕工作的重心。

警察部门、消防部门和市政机构可不是通过偶然自发的行动来成功应用数据驱动型的决策的。相反,他们是通过认清数据固有的缺陷而得出结论的。以有用的数据为基础,纽约市政数据分析办公室就开发了一个积分系统来识别可能的违建物或那些正准备逃掉烟草税的商家。IBM能利用警察部门提供的数据来生成热点地图。然而,把这些结果转化为一种对市民和纳税人有利的结果还需要有关部门的配合。建筑物稽查员、警察、消防人员能够基于分析师提供的信息来调配资源、开展工作。数据及其分析结果都是为了提供指引,但是这些信息本身的价值也止步于此。

波士顿马拉松赛爆炸事件凸显了图像信息的价值。如果图片有拍摄时间和地点(附带了经纬度坐标信息),那么它们会被综合利用来还原当时发生了什么。这样的数据能够补充其他摄像头收集的录像片段的信息。除了人们对于什么是"可疑"的评判以外,我们能够依靠的就是通过视频文件和手机设备收集的图片文件来记录一连串事件。不带有任何主观色彩地来看待这些数据,从某种程度上讲,避免了我们以往的认知偏差和刻板印象。

假设一个有伦敦塔图案的七巧板和另一个有着埃菲尔铁塔的七巧板,现在各部分都散落在同一个盒子里。如果我对拼出伦敦塔的图感兴趣,那么在这个碎片混杂的盒子里,我只需要认出我需要的那些板块就好。不过,幸运的是,我们所拥有的碎片可以用来完成我们想要拼出的图案。

这对于某个事件的众包数据来说,却不是容易完成的。我们或许缺失拼图的某个部分。也就是说,我们现有的数据是不完整的,因为我们依赖于提供数据的用户可信度。因此,由于我们根据事件发生时某人提供的不完整图片而得出不准确的推论,或许我们应该做些什么来弥补这一缺陷。

这就是分析结果可以帮到我们的地方，利用可用数据得出关于哪一部分丢失的最佳猜想。

过滤数据，广而告之

不论它是否提高了公共安全或者便利了个人的日常生活，告知公众都需要两个相关的步骤：首先，我们必须收集可用的、切中要害的数据。就像玩七巧板拼图，我们从更多的碎片中找到了我们需要的部分，然后一个更清晰的图景开始出现。然而，如果和另外一张拼图的一些碎片弄混了，这就会花我们更长的时间来弄清楚这些碎片的归属和应该摆放的位置；其次，寻找让我们有些眉目的数据，不要过于浪费精力在噪音上。这么做的话，可用数据的收集和处理就能造福一般大众。

这个来自纽约市政数据分析办公室、叫做"纽约市商业图谱"的项目在2013年底启动，其设计目的是为企业主和创业家们提供市场调查。在开设新的售点之前，公司要在他们考虑进入的市场上展开大范围的调查。据纽约市长彭博（Bloomberg）的首席政策顾问约翰·芬布莱特（John Feinblatt）说："这个工具让调查更加亲民，让小企业主的手中也能拥有高质量的市场调查。这个工具会让小企业信息畅通，最终帮助他们提升和完善自身业务并提高市民就业率。"

为了驱动经济增长，纽约市政当局和当地的创业公司PLACEMETER合作来测算市内的人流量情况。这个PLACEMETER公司用摄像头，包括路边的交通状况监视器来测评某些区域的人口密集度。对消费者来讲，如果这样的数据能让他们提前知道一天中不同时刻的某个购物地点有多少顾客，那么他们就可提前规划行程，避免人流高峰。PLACEMETER公司只需要利用2 000多个覆盖整个曼哈顿区的摄像头就能记录2013年夏季人流量的情况，那么下一步是收集来自消费者的众包数据。具体来讲，他们会

第4章
大数据改善公共服务

通过手机应用来询问新用户是否要将该公司的软件装到他们手机上。

PLACEMETER 公司把人流量数据和车流量数据对比来看，就能够测量这些人应该会去哪些地方。然而，出行方式却不只是纽约市商业图谱项目能够提供的唯一数据。在商业图谱的网站上，用户可以看到关于人口的详细信息，包括年龄分布、租房和在家工作、孩子集中的区域。除此之外，用户还能知道谁住在自家附近，还能看到该区域的商业前景，包括土地使用情况和住宅区的分布，以及在不同区域的企业数量和周围企业的应税销售收入情况。相对于公司用专门的客户调查提供的数据，这个数据的定制化程度不高，但是它为公众不花成本就能轻而易举地使用和消化数据带来了便利。

数据也能被消费者用来评估餐馆的卫生状况。在某些城市，你会发现餐馆收到的评分越高，那么它在推荐列表里出现的位置就越显眼。卫生状况较差的餐馆会没生意可做，这样才会促使餐馆积极做好卫生工作。然而，我们搜寻的有关餐馆信息的方式或许会随着时间改变。如果我们想换家餐馆吃饭，一般人的做法是查询点评网站如 Yelp，来看看其他的顾客对某家餐馆的点评。如果你在 Yelp 上浏览一些城市的信息，除了用户提供的反馈之外，你还能发现餐饮卫生检查人员提供的信息。尽管这信息不是新的，但现在被放在合适的位置（在网站上）供查看，所以消费者能参考是否将其纳入试吃范围内。

和建筑管理稽查员一样，对这些餐饮卫生检查人员来讲，寻访所有的餐馆必定很费精力。Yelp 和其他社交媒体平台上消费者生成的信息或许提供了一种不花自己的时间就可以监管餐馆卫生状况的方式。调查者发现，在线评论里面特定的用词和该餐馆所得的较差卫生状况的检查评分有关。用来帮助消防部门和建筑管理稽查员的积分算法或许能帮助餐饮卫生检查人员做出更好的决策（应该先去检查哪些餐馆的卫生状态），从而潜在地减少了顾客因食物而得相关疾病的风险。

作为数据生产者的消费者

《第二次机器革命：数字化技术将如何改变我们的经济与社会》（The Second Machine Age：Work，Progress and Prosperity in a Time of Brilliant Technologies）的作者埃里克·布吕诺尔夫松（Erik Brynjolfsson）和安德鲁·迈克菲（AndrewMcAfee）讨论了由手机众包地图应用WAZE所带来的成功的互联网效应。越多的顾客安装使用该应用，该应用就能收集越多的数据，从而就更能精准地测评交通状况。用户不仅仅是决策的受益者，他们还是让Waze软件和其他应用开发商具有存在感的来源。

Weather Underground这个众包的天气预报应用就是通过用户分享数据来为自身创造价值的。该软件在2014年2月更新了新版本后，被公众描绘为给"那些热衷于在自家后院播报现场天气的特定群体"提供了一个分享信息的机会并且让他们准确知道"其所在区域天气状况"。除了有来自机场的用户之外，Weather Underground已经有30 000多个"个人气象站"。这些用户通过手机应用来零碎地播报天气状况和道路状况等信息。

这样的众包信息可能会很方便，特别是在特大暴风雪来临之前提醒车主注意应该绕开哪条路的情况下尤为有用。它还能被用来提醒市政当局提前准备铲雪机和撒盐机。在2010年12月，美国新泽西州纽瓦克市市长科里·布克（Cory Booker）着实火了一把，因为该市在一场特大暴风雪肆虐后，两英尺深的道路积雪问题被他成功解决了。居民们拍下照片上传到Twitter上寻求帮助，把在线社交平台变成了求助热线。市长和工作人员的反应是，不仅带头铲雪，还向志愿者分发铲雪机。这些用户转向Twitter来说明他们正遇到的问题，而Weather Underground就是专门用来收集此类信息的应用软件。

第 4 章
大数据改善公共服务

无独有偶，波士顿市也用该类提供众包数据的软件来养路。"市民帮帮忙"（the citizen connect app）这个应用就是波士顿市"授权给居民来充当城市的眼睛和耳朵"的最好典范。居民能用此应用或其他沟通手段来举报城市涂鸦、公物损坏和路面坑洼的情况。尽管这是个不错的规划，但前提是用户必须足够关心这些事情才会采取行动和提供信息。

波士顿市还有个叫"养路靠大家"（Street Bump）的众包应用，只要安装使用后就能够自动收集道路信息。用户打开此手机应用，手机就会自动监测路面是否有障碍物，监测结果会直接发送到云服务器上。结合用户手机显示的坑洼所在地点和井盖所在地，再加上路障设置的方位（路面坑洼会让车陷进去而不能前行，而路面减速装置要移开才能通行），如果有足够多的车主经过该区域并通过该应用上传数据，那么这就会提醒波士顿市政当局需要来此地修补不平的路面了。波士顿市政和美国利宝互助保险集团（liberty mutual）开发此应用的成本是 45 000 美元。只要有足够多的居民使用应用并分享数据，就能帮助他们自己和其他人减少车损。除了对车主有好处之外，这对保险公司来说，也能降低成本。

这种众包应用的成功，说明了用户愿意提供这种类型的数据。如果用户不提供这种数据，这些应用的潜在价值就会减少。没有邻居分享的数据，那么天气预报可能就不会太准确。只有当车主告知城市里哪有坑洼路面或者这些路坑被相关人员发现，这些路才能被保养好。用户会越来越习惯于精确的信息，但如果没有用户分享他们自己的数据，那么这些信息的获取就成了难题。只要所用的应用可以提供给我们有价值的信息，那我们还是很愿意分享自己的数据的。不管我们是否知道，我们觉得分享数据的好处超过我们所担心的隐私问题。如果我们可以接受用数据来交换自己需要的信息，那么有没有用数据交换得到其他形式的好处呢？

| 你怎么看 |

数据科学能造福公众吗

　　芝加哥大学的暑期项目是艾瑞克教授和温迪·施密特教授为公众造福的"数据科学助学金计划",寻求如何把同样的商用分析工具应用到提高公共福利水平的领域。在处理这些问题的过程中,项目成员要针对能提高公信力的政府支出开展文本分析,以预测公共学校的入学率是否能帮助政府更好地分配财政资源,还为能源企业如何更好地应用智能电表提供建议。在亚特兰大,企业界、佐治亚理工学院和城市官员齐聚一堂,成立了旨在造福亚特兰大的数据科研所。该所最初的研究项目包括与911急救中心合作,以及通过使用Cycle Atlanta项目收集的数据来帮助城市规划者解决自行车主的需求。

　　上述项目只是浅显地说明了如何利用数据与合适的数据分析才能带来社会效益。

　　1. 慈善机构用何种数据能够找出潜在的捐赠者并达到良好的营销效果?

　　2. 根据过去的捐款记录和消费者产生的数据,大学的外联工作人员如何在识别潜在捐赠者的同时还能知道哪些信息吸引到他们了呢?

　　3. 通过手机设备采集到的消费者生成的数据会对经济发展提供有用的决策吗?这种决策能不能促进公共安全?

Profiting from the Data Economy:
Understanding the Roles of Consumers, Innovators, and Regulators in a Data-Driven World

第 **5** 章 | 大数据经济的兴起

Profiting from the Data Economy:
Understanding the Roles of Consumers, Innovators, and
Regulators in a Data-Driven World

| 大数据经济新常态：如何在数据生态圈中实现共赢 |

在前面的章节中，我们讨论了公共部门如何利用消费者生成的数据排放为公众服务。营销实践之所以能够优化是因为当下对于数据的精细化分析。为什么必须以消费者地理位置信息或在同一区域内的所有消费者来找到目标顾客呢？我转向那些已经表明对我的产品感兴趣的顾客不就完了吗？尽管营销圈内正在热火朝天地讨论对个人详细数据的使用问题，但这在营销实践中却不是什么新鲜事了。数据经纪人以这样的方式已经存在了很长时间，他们通过收集不同来源的数据并重新把分析结果打包卖给各行各业的营销者。不论是公司发送的满是促销商品的传单还是微定位技术的政治竞选活动，数据经纪人的作用是不言而喻的。

大数据经济为什么能兴起

从组织层面看，数据经济的兴起有两个主要因素。

首先，也是最重要的因素是，组织拥有可用数据已经不是难事了。在一些例子中，组织在平时运营的过程中就能够收集这类数据。互联网企业更是强化了这一点，因为数据是由在线网民生成的。比如，亚马逊和奈飞公司都是基于在线用户的行为数据才有能力向他们推荐。尽管当我们作为消费者时，不会立即想到谷歌和 Facebook 只是一个广告平台，但这两家公司拥有其他公司没有的优势，那就是他们有能力向某一类型的受众发送精准的营销信息。

第 5 章
大数据经济的兴起

　　传统的市场调查方法就是通过询问和消费者兴趣有直接联系的话题，向消费者征集信息，可能会问到如消费者对于特定品牌的印象或他们经常购物的地点之类的问题。换句话说，如果我们愿意作些假设的话，那我们就能用数据驱动的方法来回答这些问题。如果我们假设那些更喜欢购买我们商品的消费者会花更多的时间在我们的网站上，而且还会经常回访我们的网站，那么我们就能通过网页的登录情况来评测消费者忠诚度。基于某个消费者查询的一系列搜索结果，谷歌能够评测消费者在各商品品类中最喜欢的品牌。在线样本库如凯度集团的媒介竞争分析报告和 comScore 公司的媒体统计报告，就是这样来应用数据的。当然，这并不是说这些回答市场调查问卷的循证方法会完全取代传统工具，而是说假设这些数据是可用的，特别是当这种能更快地提供决策的方法更划算地，或者说用这种方法更容易收集到更多数据为大部分消费者提供所需要的信息，那么对于组织来说，这就是必须考虑的选择。

　　数据经济兴起的第二个因素是消费者生成的可用数据的精细化程度。研究人员在之前已经监测了 Twitter 上用户每日或每周的活动，大体能够发现用户在星期几或者在某天中用户最多时的情绪平均值。他们的研究显示，人在早晨的心情最好，但会随着工作时间的增加而递减，而在一天要结束的时候，心情又会变好。负面情绪似乎在工作周会变得更加普遍，而在周末心情就不会那么低落。这个研究就是利用来自 Twitter 公开的可用数据所进行的文本分析。

　　企业通过用类似的方法（再说得详细一点，通过挖掘我们已经生成的数据）能收集到什么样的洞见呢？收集了大量用户数据的谷歌和亚马逊，能够大展身手让每天的市场细分工作看起来不那么枯燥。这并不是因为早期的市场细分工作还达不到现在同样的标准，而是说与今天的数据和计算资源相比，之前能为营销者所提供的参考信息显得相形见绌。这就好比珠

Profiting from the Data Economy:
Understanding the Roles of Consumers, Innovators, and
Regulators in a Data-Driven World

|大数据经济新常态：如何在数据生态圈中实现共赢|

宝商把之前的石头变为今天陈列在珠宝店里那些迷人的钻石一样，今天的营销者仅仅比以前多了一个更好的数据供应库来处理此类问题。

尽管我们第一次提到娱乐与体育节目电视网（ESPN），但这家公司早已积极地研究跨平台的用户行为。该公司媒介融合调查中心的副总裁格兰·埃诺克（Glenn Enoch）列出了7条跨平台研究的准则。在这些原则里面，最重要的是区分出用户数量和平台使用量，此观点应该能在不同行业内产生共鸣。此外，他还说，跨界媒体的使用不是零和游戏，人们会"根据他们的位置和此刻正在从事的活动来使用最合适的平台"。正如ESPN网的主编帕瑞克·斯蒂格曼（Patrick Stiegman）所说的那样，你能够"随时随地在50英寸的等离子电视、平板电脑、手持设备或一些其他融媒上，来观看我们电视网的节目"。

假设你是一个狂热的体育迷。你可能会这样开始你的一天：起床后，一边收听体育新闻网（SportsCenter）的内容，一边做好出门上班的准备；在你早晨上班的途中，你可能会在Sirius Xm牌的便携式收音机或在能用蓝牙连接到车载影音系统的移动应用上听ESPN的广播节目；下次你听体育新闻的时间或许是午餐时间，你可能使用另一种移动应用或者在你的智能手机上直接收听ESPN的节目；在你下班的时候，或许会再一次从电脑上点开这个网站；并且在睡觉之前，你会放松下来收听体育新闻网的节目。

综合分析以上行为，研究者就能发现你在何时进行了哪种日常活动。就拿你消费媒介内容的设备来说，研究人员能预测你是什么时候下班，你早上花多长时间在路上，或许还知道你晚上什么时间休息。这样的日常活动能和生命的特殊阶段联系起来。比如，某人偶尔24小时在线可能会有一个不规律的作息时间，这可以预测该人家里可能刚生了宝宝。一个在交通高峰期通过他的手机上网或者使用移动应用来看视频和文章的消费者，要么是完全无视公共安全，要么是在乘坐公共交通上下班。这样的信息或

第 5 章
大数据经济的兴起

许对试着接触特定消费群体的广告主来说很有用,因为可以提升他们的营销精准度。

消费者与组织之间的数据交换

当下的数据交换就是一个简单的价值交换活动。消费者允许组织利用由他们日常活动生成的数据排放。作为交换,消费者收到一定形式的价值回报。在很多例子中,这种交换的形式往往体现为新产品或优化的用户体验。比如谷歌的产品(可以方便用户浏览网页和上传大量 YouTube 视频)、亚马逊和奈飞公司的推荐系统之类的产品都基于消费者提供给公司的数据。使用他们的产品,我们就能得到一个丰富的用户体验。

之前我们说过汽车保险公司提供现金奖励给那些愿意分享他们驾驶习惯的客户。这种方法可以发现有关驾驶数据的价值。把消费者数据转化成价值的另一个例子就是 Automatic Labs 公司。车主可以把公司开发的设备 Automatic Link 插入汽车操控台的端口使其和手机的蓝牙配对。在你行驶的过程中,这个设备就会自动收集数据,然后将更省油的驾驶建议反馈到你的手机上,这也使得你的驾驶行为变得更加有趣。因为该设备每周会提供一次评分报告:得分越高,省油就越多。该设备除了能给车主提供增值服务,还能提醒急救电话中心注意潜在的交通事故。这些都是 Automatic Labs 公司提供给用户设备潜在的好处。

那么该公司会把其在交换中收集的数据拿来做什么呢?很明显,汽车保险商对于通过这样的设备来收集的数据最感兴趣,对于汽车服务商或者零售商来讲或许也是如此。举个例子,基于急刹车的数据记录,汽车修理商能够通过个人的驾驶习惯来定位将来需要修车的车主,此举就可能给商家带来源源不断的收入。根据车主隐私政策,关于个人身份的联系方式等信息不可以被第三方共享。尽管该政策允许潜在的商业伙伴来收集数据,

Profiting from the Data Economy:
Understanding the Roles of Consumers, Innovators, and
Regulators in a Data-Driven World

| 大数据经济新常态：如何在数据生态圈中实现共赢 |

但是消费者的私人数据却不能共享。车主为了可以给自己换来更省油的驾驶建议，主动共享了这些驾驶数据。获取这些建议的成本在目前只是99美元的设备购置费。

　　如果公司征得了用户的同意，那么它把收集到的用户驾驶数据与第三方营销者共享，这种商业模式不难想象。为了换取这些数据，就需要考虑这个问题：消费者在这种交换中分享数据后可以得到什么额外的好处呢？这种好处或许是免费赠送，让消费者不花一分钱就能得到该公司的Automatic Link设备。消费者能够在连接了设备的手机上看到降低油耗的提示信息，并且公司通过收集和打包这些数据并卖给营销者也赚得了利润。归根到底，该公司的作用就是作为数据经纪人，但是有一点不同的是，公司给生成数据的用户提供了直接的好处，而不是只收数据却不提供价值。进一步讲，营销者与其在意如何评价获取这些数据的价值，还不如关心提供数据的用户可以得到什么样的实际补偿，这可能对营销活动更有利，阿比创和尼尔森公司就是这么做的。

　　正如这个例子所说明的那样，提供给消费者的利益并不一定总是物质报酬。提供给消费者需要的信息恰恰更能激励他们分享自己的数据。对于这种观点，另一个有力的证明就是薄荷网（mint.com），这家帮助消费者理财的网站非常受欢迎。就像ESPN网和其他商业媒体通过追踪设备上消费的媒介内容来建立用户的资料库一样，金融公司也可以通过追踪资金的流向来建立客户资料档案。

　　想象一下：早晨来一杯咖啡，中午和同事用餐，晚上和你的伴侣约会，周末到塔吉特或沃尔玛去采购日用品，在这些场景中你都要使用信用卡。你消费的地点和时间以及你消费的金额都详细地透露出你是谁的信息，这都可以被营销者利用。营销者或许会用它来提升营销信息的效果，还会用来它定位不同的消费者群体。换句话说，这样的数据被用来开发潜在用户，

第 5 章
大数据经济的兴起

识别那些最有可能对广告有回应的特定消费者。

薄荷网所做的就是收集某一个地方消费者的财务信息。因为你建立了个人储蓄账户和贷款账户，因此你用不同的信用卡进行的交易都会全部发生在一个地方。尽管金融机构会对你的账户活动轨迹一目了然，但他们无法知晓你和其他机构进行交易的信息。如果我用同一张借记卡在塔吉特或星巴克消费，我开户的银行就会知道我在这儿消费了，因为钱已经从我的账户中划出了。然而，对于所有我不用银行卡进行的其他活动，就会产生盲点。开户银行不知道我在塔吉特和星巴克花了多少，因为我有可能是用现金或者用信用卡支付。同样地，如果我不用借记卡的话，它也无法知道我在哪消费。

薄荷网具有收集到这种信息的能力，这对营销者来说是值得期待的。不仅知道人们在哪里消费，还知道他们消费了多少，这样营销者就能把精力集中在这些他们可能最感兴趣的顾客身上。以在塔吉特和星巴克消费的顾客为例。之前我们也分析过各种顾客光顾的商店，那些经常在塔吉特和星巴克出入的消费者也同样喜欢在巴诺书店消费。如果我们观察到一个经常出入诺德斯特龙时尚百货的消费者，她也很可能在尼曼这类高端百货里面消费。尽管这不足为奇，但这些消费模式提供了一种在普通消费者里确认那些可能会回应广告的消费者的方法。

薄荷网可以详细地知道消费者是如何进行消费的，除了靠金融机构和零售商收集的数据之外，更多的还是靠那些自愿把数据贡献出来的用户。为什么？因为薄荷网产品存在的动力在于用服务换取消费者的数据。薄荷网有一个将顾客的消费情况自动分类的特点，把银行或信用卡条款的文本转化为通俗易懂的信息。薄荷网还让用户来定下具体的储蓄目标并不断跟进评估，如果用户的收支差额过大或者账单将要到期，薄荷网就会提醒用户注意。

Profiting from the Data Economy:
Understanding the Roles of Consumers, Innovators, and
Regulators in a Data-Driven World

| 大数据经济新常态：如何在数据生态圈中实现共赢 |

对于能帮你做预算的理财顾问，你打算花多少钱？对很多人来说，答案或许是不给钱。但是如果将问题稍微变一下来问，即这种顾问提供的服务对你来讲值多少钱，会怎样呢？如果不用你出钱的服务，你会用吗？消费者允许薄荷网收集其消费数据，就是为薄荷网服务埋单的表现。一些顾客会回避这个做法，因为他们不愿意自己的消费记录就这样被拿走。就像我们之后会谈到的那样，这等于说是他们过高估计了自身数据的价值，觉得薄荷网提供的服务价值微不足道。这是一种非常合乎情理的态度。然而，其他顾客或许会有截然不同的立场，他们觉得薄荷网服务的价值超过了保护他们理财记录隐私的价值。

在处理用户数据的同时，薄荷网就会给用户提供服务，比如说提供系列的理财工具。那么，让公司来开发和提供这些工具的策略是什么？在决策之前，薄荷网会制订一些关于企业如何获利的计划。薄荷网提供给消费者的价值在于两点：一是服务简单易用；二是软件免费可得。薄荷网把消费者价值传送给商业伙伴的方式，也别具一格。各行各业的企业，例如电信服务商、保险服务和金融服务商都被认为是潜在的合作伙伴。在这些企业里，说服顾客购买产品和服务相关的成本即客户购置成本起码都在几百美元。然而，要达到这些目标，与薄荷网合作不仅便宜得多，而且还能降低商业伙伴的成本。结果就是，这种合作关系中有三方赢家：能得到理财工具的消费者，能降低成本的企业合作者，以及能用这种关联来盈利的薄荷网。

我们已经提到过的商业模式，他们的成本都依赖于"智能推荐"生产的相关费用。这些建议都是以大量因素为依据，包括消费者对薄荷网工具使用的历史记录、支出习惯及当下有利的市场交易状况。这些数据驱动型的建议考虑了消费者做出购买决策时的语境，这与我们之前谈到的算法和评分模型生成的推荐是不同的。薄荷网还识别了未来潜在的广告盈利模式，

第 5 章
大数据经济的兴起

可能会有从利用"高质量用户数据"到发送"最有定向广告"的转变。即公司在收集消费者数据的过程中只要认清了可能会对广告作出回应的消费者,那么营销者或许就愿意付更多的钱。

这也就是薄荷网在决策之前要考虑的融资计划,当然,他们也提到一个退出投资的策略,即识别其他或许感兴趣购买自身服务的企业。站在薄荷网的角度看,像搜索引擎谷歌和雅虎这样的企业都有可能对薄荷网的业务产生兴趣而成为潜在的买家,因为薄荷网能够使其"更精准地营销"。微软和 intuit(后者在之后收购了薄荷)也是潜在的买家,因为薄荷的服务能使这两家公司整合他们自身的产品。薄荷网对于商业伙伴的价值在于向企业推荐那些比普通顾客更对广告感兴趣的潜在顾客。同时,薄荷网对于顾客的价值在于提供能帮他们理财的金融信息。

正如薄荷网和 Automatic Labs 公司所做的那样,提供洞见是一种给消费者带来价值的方式,而另一种让渡价值给消费者的方式就是联网。如果你正在机场等待登机,预计有差不多一个小时的候机时间,此时或许你会接入网络来消磨时间。然而,一些机场需要你通过类似于 Boingo 这样的免费热点提供商来联网。如果在这样的机场,你能做的就是等着看一段广告视频。在电视节目开始之前的广告就是将免费为出行者提供上网服务的成本转移到想用广告吸引顾客注意的企业身上的具体表现。那么,消费者要免费上网的代价就是看这一则广告。

同样的,上网服务也可以用来交换消费者数据。Facebook 开始和当地能让用户免费连接到热点的企业合作,用 Facebook 账户的用户登录情况来测试这项服务。尽管我们在接入无线网的时候常常不会考虑成本,但企业却要花点代价才能让消费者使用这些服务。不管这部分费用是企业全部承担还是和商业伙伴平摊,都不会转嫁给消费者。相反,消费者会以其他的方式为联网付账。对 Facebook 而言,用户每次在线的登录行为就是在提供数据。有了足够多的用户登录的次数和时间，这些登录账户的用户就可以给 Facebook 提供关于他们常逛商店的信息。再综合用户自愿提供到客户资料库里的信息，最终分析你所到过的不同商店和其他经过的地方所得出的结论，就被营销者用来决定该把哪种广告发送到你的手机上。

有潜力收集数据的公司，不止 Facebook 一家。谷歌最近取代了电信服务商 AT&T 成为星巴克的无线提供商。除了给顾客提供免费 WiFi 热点，谷歌还和星巴克合作为用户提供"不收钱的纯干货"。当然，用户在网上花的时间越多，那么由他们浏览行为生成的数据排放就越多，这大大降低了营销者收集和再利用数据的难度。

除了通过 WiFi 热点来提供免费的接入服务，公司还提供其他互联网服务来换取顾客的数据。电信服务商 AT&T 就通过刺激消费者分享数据来弥补其网络接口的成本。该公司在得克萨斯州的奥斯汀市进行了试点工作，结果是公司能以不同的两个价位来提供基本的联网服务。虽然标准套餐是每月 99 美元，但 AT&T 专门计划针对那些首选本公司互联网服务的用户只收取每月 70 美元的套餐费，这"让我们 [AT&T] 能利用你的网上浏览行为（如你去了哪些网站）来为你提供更适合你的服务和广告"。尽管费用打了 7 折，但 AT&T 公司注意到了这些用户浏览行为数据而产生的价值。基于分析系列用户访问过的网站来推测他的喜好，AT&T 至少要收取 360 美元（每月收取 30 美元）的年费来增收。我说"至少"，是因为我不希望 AT&T 以亏本的方式为顾客提供此类服务。

消费者提供他们的数据是为了交换更划算的上网服务。作为更低折扣的交换，服务提供商有了优化其精准营销实践的机会，这会使得广告主更愿意通过 AT&T 花更多的广告费。你觉得这个交易否能接受？还是取决于你怎样看待你网上隐私的价值。起码比起之前提过的移动运营商利用消费者通过手机生成的数据来指导营销实践而不给消费者任何回报的情况，这

第5章
大数据经济的兴起

种交易恐怕对消费者来讲更公平。

就像《华尔街日报》指出的那样,电信公司不仅仅是为消费者提供一种可信赖的传播渠道,还渐渐把服务订阅者视为可为其创收的数据来源,这种营销实践在免费的如谷歌和Facebook等在线服务提供商那里更为常见。其最主要的区别在于,消费者没有直接付给谷歌和Facebook月费或年费。就如我们所讨论的那样,作为消费者,我们提供的数据就是我们享受那些公司提供给我们的服务所必须承担的代价。但当我们使用手机无线服务时,这种交换就不是非答应不可了。

如果你的第一部手机不是触屏的或带有全键盘的,那或许对你来讲,很难想象今天这样一个手机不能上网的世界。手机曾经只是打电话和发信息的工具。在服务提供商和服务订阅者之间的交易是以交月租的形式让人们可以通过手机交流。而现在这种交易仍然存在。同时,我们已经转向移动设备来进行日益增多的在线行为分享活动,这在2013年的时候几乎占20%。移动行为产生的数据金矿涵盖了你上网搜索时的时间和地点信息,这却并非是原来交换的一部分。消费者确实有能力选择不把这类数据分享给服务提供者。也就是说,服务提供商和消费者当下所面临的问题就是亟须更新双方的交换观念,即要承认来自不同消费者数据的价值,还要把他们当作乐意交换的合作伙伴,而不是仅仅利用他们的数据坐享其成。

数据经济的基础:顾客至上的营销

改变交易的性质和识别消费者所提供数据的商业价值的挑战之一就是测评这些数据的价值。AT&T认为每位消费者每年的浏览行为数据值360美元。有了投入,公司就可以提前通过这种数据,以他们能接触到的更广泛的细分群体为依据,向广告主收取高额费用来盈利。

Profiting from the Data Economy:
Understanding the Roles of Consumers, Innovators, and
Regulators in a Data-Driven World

| 大数据经济新常态：如何在数据生态圈中实现共赢 |

企业让渡的价值让每个消费者尝到了甜头，尽管这个观点看起来有点不舒服，但这非常能说得通。一个顾客对企业来讲就是一种收入来源。考虑到营销费用，企业或许不会把过多的资源投向每一个消费者，而只会投入到能维持长期关系的客户身上。同理，如果设备投入给企业带来的收益不能弥补设备消耗的成本，那么企业就不会做这种投资。而客户关系同样可以做这样的考量。

总而言之，我认为公司不会平等地对待顾客，但是他们会基于顾客对于公司的价值公正地对待某个群体。看看ESPN网不同平台上的媒介消费，就可以发现一些用户跨媒介消费的量比其他用户多。这种思路企业也可以借鉴。二八法则或者说是帕累托法则告诉我们，80%的公司收入仅仅是那20%的公司客户创造的。最近的研究也发现，在线购物环境不断减少的搜索成本会大大促进某些产品的集中销量。这个精确的比例无论是80∶20还是90∶10或者99.99∶0.01，都和我们的目标不相干。相反，我们看重的是，这个原则同样适用于对消费者支出的分析。一小部分顾客给公司带来大部分收入。

一些支持顾客至上的人会坚持，我们应对我们的优质顾客尽心尽力，因为他们是我们大部分利润的来源。尽管这句话有一定道理，但是它忽略了一个基本的问题，那就是我们到底能在多大程度上影响到这部分消费者。长远看来，企业能通过计算消费者的终身价值来评估他们的顾客到底有多大价值。

客户终身价值（Customer Lifetime Value）的概念主要来源于金融的净现值原则（Net Present Value），即不断贬值的现金流说明了今天这一时点的美元会比将来某一时点的美元更值钱。尽管净现值在某些情况下是合适的，但在评估消费者价值的语境下那就不是这么回事了。为什么？因为消费者不是一件企业可以拥有并操作的设备。相反，当企业的客户关系无法

第5章
大数据经济的兴起

满足他们需求的时候，消费者拥有终止这种关系的自由。正因为如此，我们需要延伸一下净现值的概念，不仅是金钱的时间价值，还要考虑消费者终止其与公司关系的频次。

消费者行为的三个方面影响了他们对于企业的价值：第一，每笔交易的消费支出；第二，消费者的消费次数；第三，消费者退出率。营销活动或许就是以不同的方式来影响这三种行为的。例如，集中宣传的促销活动或许导致消费者在近期的花费较多，但是这降低了他们的购买频次，因为他们囤货后就不会一直买。尽管这种促销活动可增加短期销售，但并不一定能给企业创造额外的收入。此外，企业的盈利情况会更糟，因为支出的营销成本在不断增加而公司增加的销售额却在减少。虽然促销活动会影响消费者的短期行为，但这样做或许会不利于维持长期的客户关系。比方说，过度的直销频率会激怒消费者，使他们在发飙之后就切断和企业的各种联系。

不论我们讨论的是一个零售商还是一个有线电视服务提供商，在消费者行为的三个层面中都有许多变量。不同的消费者会有不同的企业忠诚度，这直接影响到他们会停留多久以及他们为企业创收了多少。不同的消费者还有不同的支出金额，相比较而言，有一些人花的很少而其他人却花了很多。仅仅考虑了消费者行为的这两个层面，就能得出建立用户关系是重中之重的结论。

对于企业来说，最重要的是弄清那些忠实顾客和每次舍得花钱的顾客，这样会更利于企业创收。相反，那些经常更换品牌的消费者和每次交易金额很少的人可能不会给企业带来多少好处。那么，我们怎么在维持长期的客户关系和短期交易金额大小的顾客中作出选择呢？这就能用到净现值计算法。关于电信服务商的消费者研究发现，最高价值的消费者是那些一开始和企业建立顾客关系并订阅了大部分服务的用户。然而，接下来最有价值的群体包括那些选择最小服务数量的消费者，因为他们有足够长期的顾客关系。最没有价值的消费者就是那些开始适量使用服务并与企业保持着不愠不火关系的消费者，他们和那些开始就订阅很多服务的消费者相比，所缴纳的月租费不仅少而且加入服务的时间也不长。

如果我们以净现值作为衡量标准来做决策，那我们得出的结论就是那些订阅了更多服务的用户比其他用户更值得公司花些心思。然而，电信服务商到底该做出怎样加倍的努力来保留这部分用户呢？如果用户已经订阅了每一个可用的产品，那么还想让用户每月花更多的钱就会很困难。然而，企业在有机会增加消费者支出的同时还要让他们不至于流失。正如我们看到的那样，仅仅以净现值来决定我们应该专注于哪种消费者是不够的。相反，我们应该看到顾客终身价值与净现值的区别，或者看到营销活动所带来的增值的部分。

从市场环境中的另一个角度来解释这个问题，就要考虑企业决定向哪些消费者直接发送优惠券。对企业来说，一个可行的方法是给每个人发送同样的优惠券。对于那些对商品价格比较敏感的顾客，这或许是一种必要的激励，好让他们购买产品。然而，对于那些买东西从不砍价的顾客来讲，又意味着什么呢？要是给后者也提供同样的价格折扣，那么企业岂不是浪费了资源。发送优惠券并不会影响他们买产品的倾向，但会影响企业在这笔交易中所获得的利润。

如果不这样一视同仁，那么企业要怎么通过发送营销信息来区别对待不同的消费者呢？对于那些不会购买促销产品的消费者来说，就不值得花钱制作并向他们发放优惠券了。对企业而言，为那些确实不会买别人产品的顾客提供折扣也是不划算的。剩下的顾客就是那些易受营销活动影响而做出购买决策的人。对那些本来买什么牌子的产品没有特别喜好的顾客来说，大幅度的促销活动或许能够激发他们觉得自己有必要试用该产品的想

第 5 章
大数据经济的兴起

法。对那些会买但是需要一点刺激的消费者来说，一点点折扣恐怕就够了。

医药销售代表同样可以这样考虑，来决定自己要去拜访医生多少次才比较好。尽管之后的每一次拜访都有希望来说服医生在其所开的处方中加点该销售代表推销的药品，但是拜访医生还是有成本的。对医药销售代表来说，他的时间都花在拜访医生或者促销公司的药品上了。他不会在同一时间拜访每一位医生，而是要在合适的对象身上花力气，这样他可以花更多的时间关注那些将来会转变开处方药态度的医生。

由此可知，如果能够知道消费者对销售人员拜访的反应，那么合理分配人力资源也能提高营销效果。一些顾客可能就会被一群销售队伍中的某个销售人员说服而下订单。在他们准备购买其他产品之前，频繁的造访可能是没有必要的，除非他们能说服消费者为公司增加预期之外的收入（即如果他们能和这个消费者建立长期客户关系来赢得额外收入）。换句话说，频繁的拜访对于说服那些可能会下订单的顾客才是有效的。分派销售团队到不同的细分群体的最佳方式是让销售人员集中火力说服那些一造访就能影响其购买行为的顾客。

我们同样可以借此来审视非营利组织的捐款关系。在大学的例子里，机构有一大群可以用来联系是否愿意捐助的校友资源。大学外联负责人和院长面临的挑战就是在何时联系何人会比较好？尽管在详细的档案里能找到一小部分校友（比如那些有钱任性的）的联系方式，但前提是要找对人才行。对于大多数不愿意参加这种活动的校友，学校能做什么呢？一个就是看校友在校期间参加了多少次志愿活动以及同学聚会。综合之前的捐款记录，这些重要信息可以提供指引，即哪些人比其他人更有可能捐赠。此外，如果学校已经说服了这些人，那么只要找出这种营销说服和之前的捐款活动之间的联系，就能评估这次说服活动贡献了多少额外的捐助。

在不同的情况下，我们已经看到消费者数据被营销者用来做最佳的实践决策。尽管这么做的前提是我们能够利用这些数据,在很多情况下,我们确实可以这样做。某些数据可以被轻松地分析,得出的结论常常可以优化营销策略。但在其他情况下,这或许需要从复杂的系统里采集并综合分析数据,比如,需要对比分析收银系统里的交易记录和邮送计划。尽管追踪了数据的组织可能从不同来源收集数据,但是及时的资金和资源投入却是必不可少的。尽管和那些不收集消费者数据的企业相比,这好像不能算作投入,但这毕竟是个大工程。这给组织带来的挑战是思考这样收集数据的努力到底值不值得的问题。

用户为尊的数据投资

我们关于认清消费者数据价值的讨论来源于"用户就是上帝"这个概念,但我们必须重新聚焦于该如何看待消费者价值。毫无疑问,基于这些消费者带给组织的价值,组织应该在客户关系上投资,并为客户提供更好的服务。然而,要评价消费者生成的数据价值,我们需要看看获取这些数据的那些渠道能够为我们所做的决策带来多大影响,以及我们能够创造的额外价值。

企业应该收集哪些消费者的数据呢?

- 消费者 A:是一位长期购物的资深买家。
- 消费者 B:偶尔逛商场,对品牌无感,没有消费者 A 那样的品牌美誉度。
- 消费者 C:根本就不经常买东西。

重视消费者 A,对企业来讲会很有诱惑力,并且也说得过去。假设消费者 A 会给企业带来价值,我们当然希望保持这样的关系。然而,假设消费者 A 和公司已经有很亲密的关系了,那么提升他价值的空间还大不大?

第 5 章
大数据经济的兴起

我们还有没有可能通过利用消费者 A 的数据，来突破这类购物的老顾客或常客对企业的价值贡献的上限？他们已经表现出自己经常来光顾并且是回头客。那么在这一层面上，这种消费者的数据就是多余的。

在其他极端的情况下，我们对于消费者 C 知之甚少，因为他不经常和我们打交道。这就说明了解消费者 C 的喜好会有很大商机，对他营销就能增加他对企业的价值。但这样做的弊端就是企业的投入可能会得不到回报。如果他不是经常逛我们的店，任何努力或许都是白费，因为我们无法指望他在将来和我们进行交易。即使我们能认出那些最不忠实的顾客，如何有效利用他们的数据还不得而知。尽管我们也许会有一些营销活动如个性化的传播或者通过不同平台来接触到此类消费者，但假如消费者 C 的购物行为很少，那么这种用来弄清他更多相关信息以提高营销精准度的投入就不值得了。

分析完前面过于惨淡的景象，现在剩下的就是比较有希望收到投入回报的消费者 B 了，他似乎对公司来说只有中间价值，但是这种价值能够被有效地提升。或许我们能用更个性化的营销活动把消费者 B 转换为消费者 A。尽管他们不在同一档次，但通过说服消费者 B 而带来的销售收入或许可以抵销收集这种消费者数据的成本。同时，收集关于消费者 B 更多的数据应该会减少我们的疑虑，即他们是否和消费者 A 和消费者 C 具有共同点。研究服务质量对消费者决策的影响（说服消费者再次使用某企业的其他服务）说明，正是这种不确定性的减少有助于从更多的消费者数据那里期待价值的增值。把每个消费者的数据作为一项投资，我们看到这些分享数据的顾客比其他顾客更有可能对公司的利润产生较大影响。正因为如此，企业在此类数据收集上的投资才能做到有的放矢。

尽管上述场景简化了营销者要面临的问题，即识别那些允许自己更多数据被企业收集的顾客群，但这不是一个简单的任务。尽管我们讨论不同的机构以不同的方法从收集的消费者详细数据中获利，用来指导营销和调配资源，但没人能够保证这些努力会百分之百来额外收益。在所举的例子中，公司都是用营销信息或合适的折扣水平适当地定位了消费者，当然也有些公司发送的广告不对消费者胃口或者开展了不恰当的促销活动。

详尽的顾客数据的价值不在于它保证了组织每次都能在最后获得大量收入。数据分析师并不是占卜师。然而，通过收集这样的数据找出合适的关联，组织就能减少他们预测将来消费者行为的不确定性。

以线性回归为例，这是一个我们用来评估预测变量（自变量）和观测结果（因变量）相关程度的简易统计方法。举例来说，我们非常想预测某一市场上某一产品的周销量有多少。如果我们有前几年的历史销售数据，我们可能从一开始只会通过算出每周的平均销售额来猜测谁是最佳顾客。尽管这是一个不错的起点，但周复一周的平均销售额却有大幅度的变动。除了算出平均值来预测将来的销售量之外，我们还能做得更好。我们或许会找到季节周期或一般经济条件状况与销售额的相关性。如果真是这么回事，用回归分析就能找出将来对周销售额有显著影响的因素。

现在，我们有两种不同的预测方法：一种是用预测变量；一种是求整体平均值（这种方法就用不上预测变量了）。如果我们假设预测变量和实际的销售额有关，那我们应该能够发现使用预测变量带来的预测更加准确。但这也只能说明这一点，不能就此推断出这种方式就是毫无缺陷的。即使预测变量让我们减少了预测的不确定性程度，但也有一些例子说明了预测变量失灵的情况。

没有哪个市场决策能保证一定会带来明白无误的结果。为了减少消费者未来行为预测的不确定性，我们试着来辨别市场决策可能会带来的不同结果。一个选择是用相对简单的分类法，比如"差 - 中 - 良 - 优"等级法。或者可以用更精细化的概率分布来列出更多的可能性结果。不论我们选择

第 5 章
大数据经济的兴起

使用哪种方法，我们都应该认识到收集消费者数据是为了改进而不是完善我们的决策。

当消费者愿意为组织提供收集其数据的机会时，那么结果会是多方共赢的。分享数据的个体应该要收到能让他们产生共鸣的营销信息，而不是在他们的邮箱内塞满各种不相关的商品目录，我们要避免他们的小区邮箱和电子邮箱里面广告成堆的情况。向消费者发送与其兴趣相关的内容，也使得他们能够享受一个更个性化的上网体验。这不仅包括定向广告，还包括基于他们数据而生成的文章、视频和网页推送。除了提高营销信息的关联度外，还可以给那些愿意分享数据的消费者提供企业的优惠服务或者返现报酬。

尽管我们已经分析了消费者在交换中能得到什么，但也必须考虑组织在其中能得到什么。从企业的角度看，仅仅希望从数据中获利的企业，才觉得收集数据是有利可图的，这就是他们努力研究的目标函数。市政管理机构或许能用其他的标准来衡量绩效。如果他们收集大量的公民数据能更好地提升社会效益，那么这就能强有力地解释公众为什么非得分享他们的日常数据不可了。

有了大量可用数据，企业就能更好地运营，政府机构就能提升服务水平，让他们的工作开展得更有效、更高效。然而，这个前提是有机会获取合适的数据。从企业角度看，消费者处在这样一个特殊的位置：他们是企业提供产品的对象和分享数据的主体。从我们已讨论的例子中可以看到，在很多情况下，企业要求消费者承担两种不同的角色：一是作为购买产品的消费者角色；二是作为支持企业运营的合作伙伴角色。从根本上来说，这改变了消费者和企业交换的性质。那我们有必要考虑这种变化吗？或者企业和消费者交换价值的新环境只是这样吗？

与用户合作

高德纳咨询公司（Gartner）预测2015年"大多数移动应用会同时收集和分析关于用户及其社交网站等更详细的数据"，而到了2017年，"可穿戴设备会在全部交互应用中占据半壁江山"。

尽管很多应用是为了做广告或者提供更具个性化的用户体验而采集消费者数据的，但高德纳公司的研究主任认为，消费者数据并"没有被企业当作是一种整体信息化建设过程中的资产"。然而，消费者数据怎样才能够转化为资产呢？

1. 作为个体消费者，你用手机浏览网页和使用应用的行为透露了关于你哪些方面的信息？这些信息如何才能够转化为有交换价值的筹码？

2. 某个免费的移动应用把你提供的个人信息拿来作商用，你觉得合适吗？如果某个付费应用也会出售你的数据，你的答案会有什么不同吗？

3. 如果企业通过给消费者提供移动应用的使用权而获得用手机来收集消费者数据的资格，那么企业应该对这些分享数据的消费者提供同样的补偿吗？不同消费者的数据会反作用于企业的收益，那么企业该如何区别对待不同的消费者呢？

Profiting from the Data Economy:
Understanding the Roles of Consumers, Innovators, and Regulators in a Data-Driven World

第 **6** 章 | 跨越大数据经济的鸿沟

Profiting from the Data Economy:
Understanding the Roles of Consumers, Innovators, and
Regulators in a Data-Driven World

|大数据经济新常态：如何在数据生态圈中实现共赢|

  公众对于组织如何使用其数据的看法，在近年来发生了翻天覆地的变化。虽然企业很希望能改变公众的态度，但我们也不必把这一切都归咎于市场营销人员。伴随着2013年爱德华·斯诺登对美国国家安全局（NSA）监听计划的揭露，关于监听和数据隐私的讨论一直都在如火如荼地进行着。2013年7月，美国广播公司新闻节目（ABC News）和《华盛顿邮报》做了一项关于政府监听活动的民意调查。其中有将近四分之三的受访者认为，政府对电话和互联网的监听活动侵犯了部分美国公民的隐私权，而将近一半的受访者认为，这些活动侵犯了自己的隐私权。

  更有意思的是，随着时间的流逝，公众对于隐私重要性的认识已经成为了一种趋势。有一项调查询问受访者，对于政府来说，下面两种情况哪一种更重要：一是即使对个人隐私造成侵犯，也要对潜在的恐怖主义威胁进行调查；二是即使会影响到调查的结果，政府也不能去侵犯个人隐私。在2002年，"9·11恐怖袭击事件"刚刚过去不久，近乎80%的受访者都赞成政府对恐怖主义威胁进行调查，即使这些调查对个人隐私可能会造成侵犯。然而时光飞逝，到2013年7月再就此问题进行调查的时候，我们看到，只剩下不到60%的受访者支持这一观点了。受访者中赞成政府尊重个人隐私的比例，从2002年的18%一跃上涨到2013年的39%，增长超过一倍。

  仅仅在六个月后，公众情绪继续向赞成尊重个人隐私的方向转变。2014年1月，由《今日美国》（USA Today）和独立民意调查机构皮尤研究中心（Pew Research Center）所做的一项调查发现，70%的美国人觉得他

第6章
跨越大数据经济的鸿沟

们没有必要为了防止恐怖主义的安全而放弃个人隐私。同样地,由美联社和全球五大市场研究公司之一的德国 GFK 集团①所做的一项调查发现,超过 60% 受访者称,相对于防止恐怖主义的保护,他们更看重个人隐私。

这些调查结果反映了近几年来,随着个体对于自身信息感到逐渐失控,个人信息隐私的重要性也在呈日益增长的态势。在由独立调查机构波耐蒙研究所(The Ponemon Institute)所做的一项调查中,受访者认为他们个人信息的隐私从 2006 年的 70% 增加了到 2012 年的 78%。调查同时发现,认为对自己个人信息可控的受访者,在 2007 年的时候达到 56% 的最高峰值,但到了美国政府监听活动曝光之前的 2012 年,这个数据直线跳水到 35%。

一系列涉及零售商的数据泄露事件,导致了人们对于隐私以及个人信息控制的担忧不断增长。2013 年 12 月,美国第二大零售商塔吉特公司在一份数据泄露报告中称,可能有超过 1 亿客户的个人信息和付款信息已经被泄露。报告认为,塔吉特公司第四季度利润的大幅下滑,至少有部分原因是由于该数据泄露事件,因为公司需要通过提供促销活动来逐步重建客户信任,并需要预先考虑到与该事件相关的长期费用。

虽然塔吉特公司数据泄露事件引起了巨大关注,但这家广受消费者青睐的零售商却不是唯一一家遭受数据泄露的公司。在塔吉特公司宣布其数据泄露事件后仅仅一个月,以经营奢侈品为主的高端百货连锁商店尼曼集团就有 100 万条客户记录被泄露。

在塔吉特公司和尼曼集团数据泄露之前,著名连锁百货公司梅西百货客户战略高级副总裁朱莉·伯纳德(Julie Bernard)痛惜地说:"从宏观和微观上讲,(营销人员)还没有采取更主导的地位,通过有取舍地利用客

---

① 德国 GFK 集团(Gesellschaft für Konsumforschung),总部位于德国纽伦堡,全球五大市场研究公司之一,并于 1993 年进入中国。GFK 中国以其长期的数据积累和 GFK 独有的对城市总体市场进行推总的数学模型,成为中国市场 IT、家电和通信产品零售监测行业的领导者。——译者注

户数据为企业盈利。"正如我们之前讨论的那样,可以肯定的是,营销人员可以想方设法地利用客户数据为其客户带来好处。然而,随着这些数据泄露事件的曝光,与收集这些数据相关的费用也必然由消费者埋单。我们将在后面的章节再来讨论这些数据泄露事件给公司及其客户双方所带来的风险。然而,这些数据泄露事件现在还是值得一提的,由于这些数据泄露事件,引起了公众对于隐私以及其个人信息缺少控制的关注。

客户数据中的个人隐私

根据美国广播公司新闻节目和《华盛顿邮报》所做的一项调查,受访者中对计算机被用来侵犯隐私表示担忧的人数比例从1994年的38%猛涨到了2005年的57%。同样是在这项调查中,超过80%的受访者认为企业在保护个人隐私方面还做得不够。在一份2009年的盖洛普民意测验(Gallup)中,接近三分之二的受访者说,比起对常见的盗窃、抢劫以及偶然沦为恐怖主义受害者之类的担忧,他们更担心自己的身份信息被盗。

无疑公众对于其信息隐私的担忧是合情合理的。如果消费者怀疑自己身份信息被盗,可以参考由美国联邦贸易委员会(the Federal Trade Commission)提供的具体申诉办法,以及预防身份信息被盗的建议。美国联邦贸易委员会的指导信息凸显了保护诸如金融单据和身份证号之类的个人信息的重要性。消费者对于自身的数据安全和隐私问题理应得到保障。

这种类型的数据恰恰也是营销人员无论如何都不应该接触到的数据。虽然很多种情况下,数据分析法为企业开展诸如个性化信息和针对性折扣之类的精准营销工作铺平了道路,但是到底营销人员拿这种数据来做什么?身份证号码的前几位数字对应的是地理区域。尽管在市场营销中无疑会使用地理数据,但还是有其他途径可以获取到这样的数据的。那营销人员需

第6章
跨越大数据经济的鸿沟

要消费者的财务信息又有什么用呢？知道了消费者预订的理财产品，就可以通过这些信息来了解消费者的财务状况，因此，就可以推荐其可能感兴趣的理财类产品或消费类产品。然而，虽然知道消费者购买了什么理财产品可能有用，但是特定的账户号码对于营销人员又有什么用呢？

相对于获取和维护这些数据将会产生的成本而言，客户数据价值评估的依据，是要看这些数据能够带给组织的盈利能力。这些最令消费者应该感到担忧的数据，在成本和利润的分析中都不占优势。我们先从成本说起。组织必须承担的一部分费用，就是从获取客户数据开始就要承担的有关确保这些数据安全的费用。如果做不到这些，就像塔吉特公司数据泄露事件一样，将失信于消费者，进而造成利润的下降。除了可以即时反应的财务结果外，还有由于数据泄露引起的相关诉讼所产生的费用。当然，这些费用也只有当客户数据被泄露时才会发生。所以，组织在收集敏感数据时至少要在数据保护上投入成本。

虽然收集客户敏感数据的成本相当高，但如果公司通过拥有和使用这些数据从而能够获得明显的预期收益的话，那么这家公司完全就可以成为数据收集的典型了。但问题是，还没有一家企业能够做得到。

了解你的客户是谁

让我们以市场营销调研的名义，看一看该如何建立客户资料库。我们的目标是尽我们的最大所能来了解客户。对于我们的品牌以及我们的竞争对手，客户有什么偏好？客户的态度和信仰是什么样的？客户消费什么媒体？一般来讲，这些问题将会通过使用全面的调查方法得以解决。

此外，除了可以被用来建立单独客户档案的调查项目外，关于客户人口统计学特征的问题也将会包括在内。这些人口统计学信息以后可以用来建立与人口统计学群体相关的通用档案，并进一步用于开发客户的细分市

Profiting from the Data Economy:
Understanding the Roles of Consumers, Innovators, and
Regulators in a Data-Driven World

| 大数据经济新常态：如何在数据生态圈中实现共赢 |

场。例如，一个消费类箱包制造商要开发诸如"足球妈妈"①之类的细分市场，那么这样与目标受众群体的接触才有普遍意义。

尽管诸如性别、年龄、民族、教育、健康、收入、亲属状况等之类的人口统计学变量可以用来描述这些不同客户的细分情况，但这并不是唯一可以用来决定客户情况的信息类型。除了人口统计学数据，很多公司还拥有客户过去的交易信息，以及市场营销活动的回馈信息。如果一家公司知道我更喜欢回复推荐列表中含有特定信息或内容中含有特定促销类别的电子邮件信息，那他们就应该知道如何针对我进行营销。同时，这样的信息也应该会比单纯的人口统计学信息更能将我的偏好反馈给公司。

正如我们已经讨论过的，企业可以用来对运营进行改善的顾客行为数据有着相当大的价值。然而，对于组织收集数据时，在基于我做过什么和我是谁之间还是有重要区别的。

与我的名字是约翰、大卫还是泰勒有关系吗？有人可能会说，虽然对于企业来说这些名字没有实际的区别，但或许恰恰就是这些叫做约翰、胡安和维克拉姆的人，将会为企业提供有关如何更好地针对这些个人进行营销的信息。如果企业对这些个人一无所知，依赖这样的信息或许就能够使企业在一定程度上调整其市场营销策略。不过，最佳预测客户将来行为的数据是其过去已经完成的行为。如果一家公司有我过去已经完成的行为数据，那这些数据将比宽泛的人口统计学细分数据更有价值。

让我们返回到电信行业继续对此问题进行探讨。在电信行业以及其他如金融服务行业中，服务提供商最关注的问题之一就是客户的流失问题。客户使用服务的时间越长，所带来的收入也就越多，留住这些老客户的成本往往远低于尝试开发新客户的成本。但是，客户流失又是不可避免的。

---

① 足球妈妈（Soccer Mom）是指美国中产阶级的父母常常会为孩子安排很多各种各样的课外活动，并陪同孩子一起参加，这些活动中最常见的就是足球，通常都是在小学阶段，所以"足球妈妈"通常用来形容有 10 来岁孩子的母亲。——译者注

第6章
跨越大数据经济的鸿沟

造成客户流失的因素有很多。或许是企业所提供的服务质量随着时间的推移逐渐恶化了。也可能是有新的竞争者进入市场，通过极具吸引力的促销措施将客户拉走了。这些都是服务提供商采取措施就可以防止的客户流失原因。除了这些可控的客户流失原因之外，还有一些客户流失的原因是服务提供商可控范围之外的。比如客户可能更换了工作地点，离开了该服务提供商的服务区域；可能客户遇到了经济上的困难，也可能客户过世了。

服务提供商或许可以限定可控原因造成的客户流失率。但是，由于那些不可控原因造成的客户流失，营销人员在减少客户流失方面所做的努力是有限的。根据人口统计学信息，客户流失的原因可能是多种多样的。一项针对某电信服务提供商客户流失倾向的调查显示，高收入客户由于服务价值相关的原因而流失的平均时间大约要比低收入客户长17%，专业人员和管理人士要比蓝领工人长11%。与此同时，高收入客户由于服务提供商的不可控个人原因而流失的平均时间要比低收入客户长20%，专业人员和管理人士要比蓝领工人长16%。

虽然这些人口统计学信息有一定的用处，但是服务提供商还是需要不断地了解自家的用户。客户使用服务的时间越长，表明其可能流失的倾向越低，同时该客户留下来继续使用服务的时间也就会越长。即使我们没有接触到人口统计学数据，这种学习也是应该进行的，而且，对客户的观察时间越长，我们对其可能流失的倾向也就越了解。

在市场营销分析中，人口统计学中所包含的变量是用来反映整个客户群体中所存在的差异性的。也就是说，它是用来观察客户库中异质源的一种统计手段。然而，即使在我们从整个客户群体中认识到并获得这些观察到的差异之后，还是会存在由于没观察到的异质源所带来的差异性的。设想一下，有两个来自同一个人口统计学客户组中有着不同偏好的人。我们知道，这两个人有着不同的偏好，尽管我们不知道为什么。而且，如果我们知道他们的偏好不同，那么无论这种不同是由于观察到的异质源所引起来的，还是由于没观察到的异质源所引起的，我们针对这两个客户的市场营销行为就可能有所差异。

在缺少诸如人口特征之类的能够观察到的异质源的情况下进行分析时，就会将观察不到的异质源带进整个客户群体。设想一下，我们将"来自新罕布什尔州纳舒厄的约翰·多伊"替换为"用户31459"。最初，在他开始进行购物之前，我们对用户31459一无所知。对于提供针对性促销或者有一套客户忠诚度规划的零售商，我们可以将用户31459所购买的所有东西都联系起来。随着该用户所购买的东西不断增加，我们开始对用户31459的了解也越来越多，至少我们知道，他很喜欢购物。我们所积累的用户31459的行为数据越多，我们在营销活动中可以把握的精准度也就越高。如果我们已经确定，这个客户在商家打折促销时只对高端品牌感兴趣，他一年也就光顾这家商店三四次，而且只购买那两个特定的品类，那这个客户叫什么名字，或者他属于哪个被指定的地理人口统计学族群又有什么关系呢？往好了说，也就是些不必要的多余信息而已。往坏了说，没准还会与该客户通过其行为所展现出来的偏好有所冲突。

如今，关于所要收集的数据规模通常都有所限定的，所以人们在谈论数据收集的时候，总是莫名其妙地侧重于数据量，而不是对行动所产生影响的洞悉。营销人员应该侧重于能够引领其行为的数据，并且在许多情况下，这些数据并不属于个人可识别信息。根据美国行政管理和预算局第M-07-16号备忘录，个人可识别信息"指的是那些可以用于区分或追踪一个人身份的信息，例如他们的名字、身份证号、生物统计学记录[①]等等，这些信息有时单独使用，有时则与诸如出生地信息、母亲姓氏信息等

---

① biometric records，生物统计学记录、生物识别记录，指的是指纹、掌纹、角膜、DNA等通过生物学手段进行身份识别的信息。——译者注

第6章
跨越大数据经济的鸿沟

之类的其他个人信息或识别信息进行组合，使其可以与特定的个人进行关联"。

为什么营销人员需要进行辩解

你会针对客户的母亲姓氏或身份证号后四位进行不同的营销活动吗？不大可能吧。那你会根据客户的交易历史或多长时间访问你的网站或与客服进行联系等相关信息进行不同的营销活动吗？那就很有可能。鉴于公众对于隐私以及其个人信息日益增长的担忧，营销人员应该接受公众讨论，加入到公众对话之中。不与特定的人建立关联的行为数据，允许增加相关性和有效性，并且可以从消费者对于隐私和个人可识别信息的合理担忧中解脱出来。

关于如何保护个人可识别信息以及消费者通过其活动所产生的线上及线下行为数据，有一个众所周知的例子，那就是还在推进中的有关"请勿跟踪"（Do Not Track）①的法规。2011年，美国参议院商业、科学与运输委员会主席及参议员洛克菲勒，就使消费者能够阻止在线公司通过网络跟踪用户数字足迹提出了立法提案。在立法提案中，洛克菲勒说，他相信"消费者有权决定他们的信息是否可以被在线收集和利用"。

《2013年禁止在线追踪法案》（Do-Not-Track Online Act of 2013）的重新纳入将会"保护互联网公司业务运营及持续向消费者传递内容和服务的能力"。与此同时，"如果消费者要求不被跟踪，（法案将）允许公司仅收集对网站或在线服务职能部门有效的必要信息，但是一旦不再需要这些信息，在线公司有法律义务对其进行销毁或隐藏。"

---

① Do not track，是针对在线广告公司等网上的跟踪行为，向消费者提供的一种能够简单谢绝跟踪的手段。该口号是由NGO组织民主和科技委员会（CDT）首先提出，模仿了全美谢绝来电计划（National Do Not Call Registry），后由美国联邦委员会（FTC）成功设置议程，引起广泛关注。——译者注

很显然，该项法案考虑到了企业日常运营工作的继续。因为市场营销的目的就是将合适的信息传递给合适的客户，似乎这项法规不会阻止营销人员对其业务的运营。亚马逊网站可以根据我们及其他人在该网站上的行为，告诉我们哪些产品可能会引起我们的兴趣。谷歌可以根据我们在其系列产品，如 Gmail、YouTube 以及谷歌搜索引擎中的行为，向我们展示产品广告。

由于企业依赖市场营销开展其活动，所以该法案不应该干涉这些活动。但是很明显，该法案只允许企业收集与客户相关的必要信息。那么，什么样的数据才是企业运营必要的信息呢？如果你认同这样的见解——某客户过去的行为揭露了该客户的偏好，那么这些偏好将对其未来的行为具有预见性，因此我们得感谢对现代概率论和数理统计有着重要影响的贝叶斯牧师（Reverend Bayes）。

设想一下，让你从两枚硬币中选择一枚。其中一枚正常的硬币正面和背面朝上的概率均等，都是 50%；而另外一枚残次的硬币正面朝上的概率是 75%，背面朝上的概率是 25%。但你在做选择的时候，并不知道你将会得到哪枚硬币。现在继续设想，你耐心地将你所选择的硬币抛 100 次，得到的结果是 80 次正面朝上，20 次背面朝上。你知道你拿到的是哪枚硬币吗？不太确定吧，因为无论你选哪枚硬币都有可能得到这样的结果。但是，残次的硬币更有可能得到这样的结果。

在这个例子开始的时候，你对说出你选择的是哪枚硬币毫无头绪，也就是说，你有 50% 的机会拿到正常的硬币，也有 50% 的机会选择残次的硬币，这是你之前的认知。你每抛一次硬币，都会为你拿到的是哪枚硬币提供线索。假如头三次抛硬币的结果是正面、正面、背面。如果你拿到的是正常硬币，所观察到序列的似然度就是：$(1/2) \times (1/2) \times (1/2) = 1/8$ 或 12.5%。要是你拿到的是残次硬币，所观察到序列的似然度就是：

第 6 章
跨越大数据经济的鸿沟

（3/4）×（3/4）×（1/4）= 9/64 或 14%。虽然还没有得出压倒性的结论，但得出的结果更倾向于残次硬币。贝叶斯定理（Bayes' theorem）[①]可以让我们能够根据我们已经收集到的数据修正我们之前的认知，从而得出关于我们所选择的是哪枚硬币的一个修正后的认知。

这一定理同样也是市场营销人员在针对性市场营销中所遵循的原则。虽然我们首次接触客户的时候，能够拿到的客户信息十分有限，但随着越来越多的深入互动，我们对客户归属所做的评估就会变得越来越精准。我们不仅可以判定他们对不同产品类别的兴趣度，同时还可以推断他们对价格和促销活动的敏感度。有了客户兴趣度信息和敏感度信息的武装，营销人员就可以优化他们接近不同客户的方法，使他们能够更高效地运营。

那么在《2013年禁止在线追踪法案》框架下，这一定理还能做什么呢？什么都能做。我们知道，互联网的命脉在于富有创新精神的个体识别可利用数据的能力。这些数据唾手可得，并可以收集起来，从而得出一些对消费者有价值的东西。根据贝叶斯定理，我们可以得出个性化的结果和睿智的建议，根据个体消费者已有的行为，我们可以修正我们对于单独用户的认识。而针对行为的广告和定制化的促销，同样是通过使用消费者所生成数据的方法得到的。

据互联网广告署报告，2013年广告商在互联网上所花的市场营销费用首次超过了电视。互联网广告署的报告也提到，与2012年相比，2013年移动广告支出的增长超过100%。此外，造成营销人员对数字媒体感兴趣的因素之一，就是针对个人过往行为的能力日益增长，以及可计量性的日益增长，但是由于限制跟踪行为数据的提案，这两者都会有所缩减。

[①] 贝叶斯定理（Bayes' theorem）是指，当不能准确知悉一个事物的本质时，可以依靠与事物特定本质相关的事件出现的多少来判断其本质属性的概率。用数学语言表达就是：支持某项属性的事件发生得愈多，则该属性成立的可能性就愈大。该定理与文中提到的先验概率和后验概率有关。——译者注

Profiting from the Data Economy:
Understanding the Roles of Consumers, Innovators, and
Regulators in a Data-Driven World

|大数据经济新常态：如何在数据生态圈中实现共赢|

想象一下，从我们已经习惯了的在线体验中会演化出一种什么样的不同以往的在线体验。由于存在质疑，追踪可能会被立即禁止。也就是说，个人在网页浏览器中的一系列动作是不能从用户层面进行跟踪的。那这对于我们如何上网意味着什么呢？搜索引擎可以根据聚合流量度量法提供结果，但是他们将无法递送个性化的结果或广告。尽管广告主还可以投放广告，但是他们将无法基于个人访问网站时浏览的条目来针对个人进行广告投放。这并不是说他们不会继续投放广告，而是说他们专注于那些更有可能对其产品和服务感兴趣客户的能力将会受到阻碍。通过用户行为进行目标营销的方法已经残缺不全，所谓的数字媒体也只是投放广告的另一块屏幕而已。手机端广告可能会相对好一点，因为市场营销人员还可以通过利用用户位置更好地了解一个用户在线行为的前因后果来找到价值。然而，离开了定位感知广告的潜力，我们只不过是多了另一块屏幕而已。到那时，没有购买能力的人照样可能也会收到营销信息。

虽然这只是故意设定的一种极端情况，但也应该能够说明数据收集以及随后进行的行为数据分析在消费者在线体验中所扮演的角色，但是线下市场营销环境中行为跟踪一样重要。如果塔吉特无法给那些有所期望的个人和家庭赠送纸尿裤优惠券，恐怕其市场营销工作就要从精准的市场营销中转战到广撒网式的招揽式营销了。

很显然，《2013年禁止在线追踪法案》以及类似讨论的目的是，防止将市场营销策略打回到石器时代。该法案是为了保护消费者。参议员洛克菲勒询问了有关传媒公司的数据收集活动，注意到个人可识别信息以及卫生保健和财务金融方面的信息常常通过调查和抽奖活动而被在线收集。正如最近的数据泄露事件表明，如果组织没有收集这类数据的明确需要，那这样做就会造成组织和消费者双方共同的责任。通过立法对这种数据收集活动进行限制对市场营销人员来说不会构成什么伤害。

第 6 章
跨越大数据经济的鸿沟

市场营销人员所依赖的数据是基于用户行为的，基于用户而非个人。用户 31 459 只不过是一个标识符，从某种意义上讲，和约翰·多伊没有本质上的区别。市场营销人员需要知道的是用户做了什么，并且用户的这些操作足以反映市场营销人员制定决策需要知道的有关用户的一切信息。指导市场营销行为并不需要个人可识别信息。有关消费者隐私的争论将有可能很快得到平息。市场营销人员依赖消费者生成数据，并且这些数据收集往往可以在不危及消费者隐私的前提下进行。解决这个问题的关键，就是扯下数据收集活动的遮羞布。

过程的透明让客户放心

虽然各公司经常讨论使用数据的方法，但这种讨论不一定总是一帆风顺的。在第 2 章中首次提到的 Facebook 隐私政策问题，因其 Beacon 广告平台而遭遇到了很多问题。问题最早发生在 2007 年，由于用户信息未经同意而被分享，引起了该平台的一场诉讼。虽然 Beacon 广告平台更新后增加了可选项程序，但测试显示，选择了拒绝选项的用户的信息仍被收集，尽管当时并没有登录到 Facebook。到 2009 年，这个可选项程序就被关闭了。

接下来让 Beacon 广告平台崩溃的是，隐私倡导者们开始对这个社交媒体界的庞然大物开始密切关注。然而，这却不是该公司隐私保护实践活动措施被推上风口浪尖的最后一次。2011 年，Facebook 与联邦贸易委员会达成一项协定，允许政府在未来二十年对其进行隐私审计。在对该协定的回应中，Facebook CEO 马克·扎克伯格提到，公司"一直致力于将大家存储在我们网站上的信息透明化"。该公司的"新政策明确指出，要求用户对在广告中使用其个人信息授予本公司广泛的许可，以此作为使用服务的条件"。在 Facebook 隐私政策改变之后，联邦贸易委员会于 2013 年对该公司发起了一项调查。2014年，Facebook通过一位产品经理向外界公布了有关隐私设置的更多变化。该产品经理指出，Facebook"对隐私的考虑不仅只是一系列的控制和设置，而且还是一系列让人们感到舒适的用户体验"。

其他科技公司也开始关注各自隐私政策中的数据隐私和透明度。2012年，谷歌在宣布与个人相关的谷歌产品隐私政策将整合到谷歌主体隐私政策之下时，被指其隐私政策违反欧洲法律。在欧盟的投诉中，司法专员维维亚娜·雷丁（Viviane Reding）对英国广播公司（BBC）说，70%的用户很少或从不翻阅这些条款和条件，而这些条款和条件"很多时候都用很小的字来显示，而且内容非常复杂，无法让普通用户理解，造成了用户的担忧"。这种改变，在为用户提供简化用户体验的同时，还允许谷歌公司在不同产品之间共享信息，这表明从YouTube和Gmail一点点收集来的见解，可针对用户在谷歌搜索引擎中的活动开展目标市场营销活动。于是谷歌公司作出了以下这些变化，很有意思地指出其并没有宣布会获取更多数据，而只是将用户数据进行跨属性的合并，结果就招来了更深层次的批评。在2014年，谷歌公司又遭到了新的批评，因为其隐私政策允许用户通过谷歌的社交网络产品谷歌+进行连接，并通过Gmail相互发送信息，即使用户之前没有Gmail用户地址。再加上谷歌公司使用个人产品对其广告进行审查的决定（如第2章所述），该公司的隐私策略给批评者们提供了丰富的谈资。

然而，从消费者的立场来看，这些政策就一定有害吗？那可未必。谷歌对其一系列产品的客户数据的不同部分所进行的整合将会产生什么呢？就像你把七巧板的各个小块拼起来时，就会呈现出一幅清晰的图画。通过消费者所发送的电子邮件及其曾看过的视频，消费者的偏好和兴趣将一览无余。再加上消费者的搜索，可能会导致的结果就是，消费者所接收到的广告将与其更有关联。通过将消费者的社交网络信息整合到对其的广告投

第 6 章
跨越大数据经济的鸿沟

放中去，广告所承载的信息也将更加丰富多彩。如果消费者有朋友发布了产品评论，而他正在搜索类似的产品，那他当然就想了解一下自己朋友的直接体验（假设消费者看重朋友的意见的话）。

2014 年 1 月，谷歌公司收购了基于"物联网"的可联网自动调温器和烟雾探测仪制造商巢穴实验室。隐私倡导者已经提出了他们的担忧，巢穴实验室管理层回应说，公司的"隐私权政策明确限制了客户信息在提供和改善巢穴实验室产品和服务方面的使用。我们一直以来都严肃对待隐私权问题，并且将一如既往不会改变。"虽然谷歌有可能得益于巢穴实验室自动调温器所提供的数据的利用，那消费者呢？向他们递送的广告将更加精准，没准还可以与天气状况相结合。因为巢穴实验室的自动调温器使用了移动探测器，谷歌的广告就可以更适应消费者的日程，这就有可能导致消费者在办公室和家中看到不同的广告和搜索结果。

虽然企业利用客户数据可以产生明显的优势，但是关于客户所生成的数据总是被企业不透明地使用，公司又该如何去知会客户呢？这个问题的核心，是围绕在数据分享政策中，用户是否可以主动选择还是必须无条件默认接受的辩论。例如，零售商想在一位客户完成一项购买后利用社交媒体，Facebook 的 Beacon 广告平台就可以帮其自动实现。而相比之下，客户在亚马逊网站上完成购买后，则会显示通过不同社交媒体平台将购物信息通知其他人的选项。

亚马逊网站的方法就是一种可主动选择的通过个人社交网络分享购买活动的有效方法。而 Beacon 广告平台的方案一开始是无条件接受的，用户活动将被默认分享，后来才改成了可主动选择地进行分享的方案。无条件接受的营销方案受到了广泛欢迎，特别是在直销领域。如果你收到一封垃圾邮件或者一家你不感兴趣的零售商发来的邮件，你有多大可能会为了不再收到这些邮件而采取必要的步骤去更改订阅设置呢？你又有多大可能哪怕只是看一眼这些促销优惠或是考虑进行购买呢？在这种政策下，虽然并不是所有的收件人都会感兴趣，但只要有感兴趣的人一时任性买上一单，就足以补偿与市场营销相关的成本。另外，如果用户选择不再接收以后的市场营销资料，该用户的电子邮件地址将从这家零售商的邮件列表中删除，不再向不可能达成转化的潜在客户发送电子邮件，这样成本也会有所降低。

在无条件接受的有关数据收集和使用的情况下，用户可能留下来的原因有很多：一些用户选择留下来，可能是因为他们从该方案中得到了价值，或对他们所分享的数据并不在意；其他人则有可能是想从这种方案中主动退出，但却未能成功地完成退出流程；最后，还有一些用户对这种方案完全不知道的，因此稀里糊涂地留在里面成了该方案的参与者。最终对这个用户群体贡献最大的，是那些从来都不去阅读那些冗长的、公开声明的最终用户许可协议和服务条款的人。

与无条件接受方案相反的是，可主动选择的方案无法达到和无条件接受方案相同的用户送达率。因为可主动选择营销方案的优势在于，选择从公司接收电子邮件或目录列表的这些人可能要比随机选择的消费者对公司提供的产品或服务会更感兴趣。在数据共享方案下，消费者更愿意对公司的数据收集和使用政策有所了解，从而增加公司隐私实践活动中的透明度。

电信服务提供商对客户数据的获取就是一个很好的例子。比如美国 AT&T 公司就明确给出了两种可选方案：用户可以选择共享自己的数据从而获得订购家庭上网服务的折扣，也可以选择不允许追踪自己的行为而全价订购。用户可以权衡自己行为的隐私价值，从而做出是否要为更高费用的上网计划埋单的选择。对于那些主动选择与 AT&T 共享其数据的消费者，服务提供商将会针对他们递送广告，并知会消费者其数据将会被收集和利用。更重要的是，客户有权通过可选程序做出最适合他们的选择。而那些选择拒绝共享其数据的消费者，则享受不到这种待遇。

第 6 章
跨越大数据经济的鸿沟

关于消费者选择向公司提供数据，联邦贸易委员会在 2012 年保护消费者隐私报告中指出："业界也可以针对特别的商业模式或场景，设计和开发实用的选择机制，同时推动让消费者对自己的隐私有知情权和决定权这一基础目标。要让消费者对自己的隐私有知情权和决定权，必须让消费者对数据将会被收集以及将如何被利用全面知情。"

在《华尔街日报》的一次采访中，白宫高级顾问约翰·波德斯塔（John Podesta）指出："一般消费者是不可能了解自己的哪些数据被收集，也不可能了解是谁持有这些数据的。这是收集数据的人和生成这些数据的人之间一种不对称的权力。"如果是为了让消费者在知情的情况下对其是否要与组织共享的数据做出选择，联邦贸易委员会的观点似乎可以理解为，组织有义务对消费者进行教育。为了实现这一点，关于数据收集和使用惯例的声明就需要加以简化，并使之更为突出地显示。如果将数据收集声明深藏在月度账单报表的最后，即使给用户的默认选项是未选择，也对消费者和企业之间的信任没有什么好处，并且对于企业打算对消费者数据进行利用并向消费者返还价值也起不到知会的作用。

共享数据的价值

一旦消费者知道他们将会对数据进行共享，就可以权衡他们所提供的数据进行交换而得到的价值是否值得，从而做出选择。在很多种情况下，特别是在网络环境中，数据共享常常作为使用服务的一个条件。一般来说，如果你想使用社交网络平台，就要接受该服务提供商将会利用你提供的数据向你推送广告。这是社交网络平台核心商业惯例的一部分，因为广告主是保证平台服务持续运营的收入提供者。大多数围绕消费者数据收集的问题，都会在公司试图利用数据做新事情的时候产生，比如拓展新的收入来源。或许是通过开发一种新的产品，比如针对性广告宣传平台，或将数据

Profiting from the Data Economy:
Understanding the Roles of Consumers, Innovators, and
Regulators in a Data-Driven World

|大数据经济新常态：如何在数据生态圈中实现共赢|

进行分析使其成为他人可用的某种形式等。

虽然消费者数据会被按照惯例进行收集并投入到这些用途中去，但是消费者可以因其数据和行为给公司带来的价值而换来补偿的事，却不是从未有过的。这种向消费者返还价值的企业类型之一就是社交购物平台。像 Beso 和 Pose 这些看起来与 Pinterest 类似的企业，允许用户构建产品集并与其他用户进行分享。这些企业不仅是使用其用户所生成的内容来产生收入，而且还会将一部分收益返还给用户。就用户所得到的价值而言，在促进产品发现的社会层面上，他们正在因自己创建的内容所贡献的收入中得到补偿。这就为用户继续使用平台提供了一种财务上的激励机制，这种财务上的激励机制本身就已经超越了任何内在的价值了。

有关数据使用的法律问题

随着用户生成的内容突然之间大受欢迎，也出现了许多围绕数据所有权的问题。如果看一下 Facebook 的法律声明，你会发现，该公司声明你对"发布在 Facebook 上的所有内容和信息拥有所有权，并且这些内容包括照片和视频都受知识产权保护，你特别将以下涉及你的隐私和应用设置的权限授权给我们（Facebook）：你授予我们（Facebook）一个非独占、可转让、可分发、免版税的许可，允许我们在全球范围内自由使用任何你在 Facebook 上发布或链接的任何内容。"

Twitter 在其服务条款中也有类似的条项。尽管用户保留对其发布的任何内容的权利，只要"提交、发布、展示内容或享受服务，你就授予我们（Twitter）一个全球性、非独占、免版税的许可（含从属许可），允许我们使用、复制、改编、修改、出版转让、显示和分发这些内容"。为了使用 Twitter，用户还要"同意该许可允许 Twitter 有权为了提供、促进和改善服务，将用户内容提交到或通过服务提供给与 Twitter 具有合作伙伴关系的

第6章
跨越大数据经济的鸿沟

其他企业、组织或个人",并且这些"Twitter 或与 Twitter 具有合作伙伴关系的其他企业、组织或个人对用户内容的附加使用,可能不会向您支付任何报酬"。

你大概也已经猜到了,谷歌公司的服务条款也有类似的声明。用户保留任何知识产权的所有权,但"当你通过我们的服务上传、提交、存储、发送或接收内容时,你就授权谷歌(以及我们的关联网站)一个全球性的许可,允许谷歌使用、支配、存储、修改、衍生(如翻译、改编或为了让你的内容更好地为我们服务所做的其他更改)、传递、公开表演、公开展示和分发此类内容。你在本许可中授予的权限仅用于运营、促进和改善我们的服务以及发展新会员的有限目的。"

每家互联网公司都做出了清晰的声明,至少向那些选择阅读服务条款的人,声明其用户对自己操作所产生的数据拥有所有权。与此同时,这些公司又可以零成本地利用这些数据。这就允许企业可以根据用户的行为有针对性地面向个人进行广告投放,从而形成他们最核心的业务。为了使用这些公司开发出来的平台,用户付出的是其数据,换来的是这些公司向其展示广告的能力。这是用户在同意他们的服务条款的前提下所做的交换。如果你对这种交换感觉不爽,你完全可以不必使用 Facebook、Twitter 或任何社交网络平台。自己行为隐私的价值到底有多大,完全由个人自己决定。没有人用枪顶着你脑袋逼着你使用这些平台。尽管避免使用谷歌或其他搜索引擎可能会有些困难,不过目前你访问谷歌搜索引擎的时候至少可以不必登录你的账户,所以即便你对网络如饥似渴,你还是可以保持一定程度的匿名性的。然而,你特别的行为还是会向谷歌提供可用于自动完成搜索请求的信息,以及基于你提供的搜索请求对网站相关性的评估。

有这样一个案例,可以说明用户无权为其数据从提供服务的公司那里得到经济补偿,因为享受服务就是他们得到的好处。但是,其他的公司要

Profiting from the Data Economy:
Understanding the Roles of Consumers, Innovators, and
Regulators in a Data-Driven World

|大数据经济新常态：如何在数据生态圈中实现共赢|

是使用他们为享受服务的公司所提供的数据而从中受益的话，又该如何呢？这是 2013 年 1 月通过诉讼才解决的一起争端，在该事件中，有新闻机构被指侵犯了 Twitter 某用户的版权。那是在 2010 年海地地震后，海地自由摄影师丹尼尔·莫雷尔（Daniel Morel）在 Twitter 上发布了一些他所拍摄的照片，随后这些照片被法新社和盖蒂图片社（Getty Images）所分发。虽然法新社主张这些图片应当是对商业复用开放的，但一名美国地区法院的法官却不这样认为，他说"这样的解释是对 Twitter 服务条款的'恶意'解读"，最终判定侵权方向摄影师支付超过一百万美元的赔偿。此外，该法官还说，Twitter 的指导原则进一步强调指出："Twitter 服务条款并没有授权全世界都可以将 Twitter 上的内容拿来进行商业分发的意思，该指导原则充其量也就是建议发布在 Twitter 上的内容不应该脱离内容发布时的帖子而已。"为了回应该项裁决，Twitter 发表声明称："这是我们一贯的政策，Twitter 用户对自己的照片拥有所有权。"

这样的裁决或许能够作为在线发布创意内容的判例，无论这些内容是发布在论坛、Twitter、博客还是 Facebook。虽然平台运营商有权获得用户行为所提供内容的使用权，但也不是谁想用就可以用的。更宽泛地讲，这个案例应该就消费者所生成的内容被其他形式的商业使用而展开讨论。例如，一些品牌会在电视广告中截取一些 Twitter 用户的封面推文。如果广告主不是 Twitter 的合作伙伴（即允许使用发布在该平台上的内容的人），并且广告的目的是增强销售，那么该品牌是否涉嫌对内容创建人所拥有内容的不当使用呢？虽然诸如"我爱某某品牌！"之类的帖子不可能受到与创意作品相同的法律保护，虽然这样的数据唾手可得，但试图利用这些数据的营销人员还是应该意识到，哪些是服务条款允许之下的。

社交媒体上的帖子就是企业可以试图进行利用的一种消费者行为数据。在商业运作过程中，例如，移动电话服务提供商收集到的我们的位置

第6章
跨越大数据经济的鸿沟

数据，对零售商而言可能就有兴趣。如果你家有机顶盒，每次你更换频道，你的操作都会被记载。虽然你这样做是在消费电视内容，有线电视运营商就有可能将你的电视点击流与广告时间表结合起来，根据你没有换台的广告建立用户兴趣资料库。接下来，这些资料库就可以与包含你每月消费总额和家庭住址的账单结算单中提取出来的数据再次进行整合。

尽管这些企业完全有机会利用消费者生成的数据开拓新的业务范围，但这并不是这些公司的基本收入来源。企业在尝试开拓这样的附加收入时，还是需要谨慎行事的，因为企业也不想危害他们与消费者之间的关系。这些碎片化的消费者数据不是消费者最初与企业签约时所要提供服务的核心数据。因此，需要重新评估消费者与这些企业之间的关系。虽然客户仍在付费使用企业提供的主要服务，但企业也在试图将这些客户转换为合作伙伴，以便可以从客户所产生的数据中获利，而这些数据也的确应该为这些客户带来一定的好处。

在试图将消费者数据转换成"印钞机"的过程中，企业必须首先说服消费者共享他们的数据。而由于企业所提供的产品和服务在于消费者的价值，消费者共享数据的意愿在不同公司之间也可能千差万别。接下来，我们就来讨论这些话题。

> 你怎么看
> Profiting from the Data Economy:
> Understanding the Roles of Consumers, Innovators, and Regulators in a Data-Driven World

个人数据的分级

企业对于大数据的美好预期，让企业热衷于尽可能多地采集、汇总消费者数据。而与此同时，政府也一直在呼吁提高这类企业活动的透明度。现在的营销人员已经被放在了利用消费者所生成的可用数据来指导营销策略的位置上，而消费者对隐私的担忧也将最终导致激烈的抵触。关于这个问题，谷歌公司现任执行董事长埃里克·施密特指出，"在你的授权下，给予我们关于你自己以及你的朋友的信息越多，我们就越能更好地改善我们的搜索质量，"他接着说，"我们不需要你输入全部的信息。我们不仅知道你在哪儿，而且我们还知道去过哪里。甚至，我们还或多或少地知道你在想什么。"在同一场接受《大西洋月刊》的采访中，施密特说："谷歌的政策就是要达到差一点就让人会感到毛骨悚然的程度。"

让我们来看看下面这些可以构成消费者资料的要素：

- 姓名；
- 出生日期；
- 种族、宗教、族裔；
- 信用卡号码和财务账户信息；
- 主要居住地；
- 零售交易历史记录；
- 上网浏览历史记录；
- 社交媒体活动。

接下来，让我们从零售商或服务提供商的角度来考虑一下下面的几个问题。

1. 在制定一项采用诸如短信和优惠促销之类的针对性战术的市场营销策略时，如何确保前面提到的每一个要素的使用？

2. 前面提到的消费者资料要素中，哪些对于组织开展有针对性的市场营销工作是至关重要的？

3. 前面提到的消费者资料要素中，哪些在收集该类信息时是有争议的，从而可能会对消费者造成伤害？

Profiting from the Data Economy:

Understanding the Roles of Consumers, Innovators, and Regulators in a Data-Driven World

第 **7** 章 | 大数据驱动的定价策略

数据对制定市场营销决策的方法有着潜移默化的影响。正如我们在前面章节已经讨论过的那样，宣传活动的效果可以通过使用客户之前所提供的数据而得到增强。这让企业能够更加精准地把握呈现给消费者的信息以及促销的时间，从而创造最大的价值。除了使用消费者所生成的数据来指导营销推广工作外，企业还可以使用以前收集到的数据来制定定价决策。

基于需求的定价策略

从广义上讲，许多策略都属于基于需求定价的范畴。这些策略全都依托于这样一个基本理念：不论是随着时间的推移，还是由于消费者群体的差异，需求都是不稳定的。在一些品类中，这种不稳定往往比其他品类表现得还要明显。以服装为例，在夏天，短裤、吊带、跨篮、亚麻裤和凉鞋就比较受欢迎。而到了冬天，羊绒大衣、围巾和保暖内衣就更受欢迎。那么，零售商能够据此做什么呢？零售商会根据他们所预测的需求量给这些商品进行适当的定价。不知你有没有注意到，每到换季的时候服装常常就会打折促销？因为零售商们都在清理库存，让当前的商品为即将热销的商品腾出库存。这并不是说，到了三月底四月初就没人再买冬装了。而是说，随着春天的临近，恐怕不会再有太多人愿意付全价购买冬装了。相反地，您可能会遇到更多的趁着打折季以超低价购买超值商品的人。

第 7 章
大数据驱动的定价策略

视频游戏生产商在对他们的商品进行定价时，也依赖于这个相同的理念，其他科技相关的产品生产商也都这么做。当某个产品首次推向市场的时候，最有兴趣购买它的都是那些潮人。潮人们愿意出高价成为某件新商品的第一批拥有者，无论是游戏手柄还是手机。虽然生产商可以通过定较低的价卖出更多的商品，但以更高的价格推出新商品常常会收到意想不到的好效果。这样的话，那些愿意花更多钱接触新商品的潮人们就会为其埋单。如图 7—1 所示，如果公司的定价为 P_1，预期需求量为 Q_1，那么，预期收益就是 $P_1 \times Q_1$。

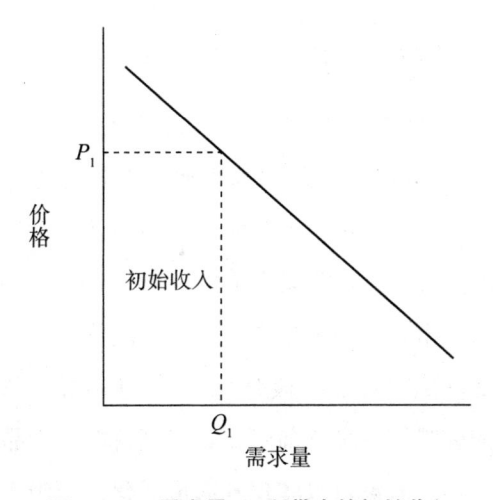

图 7—1　需求量 Q_1 所带来的初始收入

随着时间的推移，市场上尚未购买该商品的潮人已经所剩无几了，这时候就可以使用更低的价格策略来招揽更多的客户了。我们给其定价为 P_2，总的需求量为 Q_2。因为第一阶段的需求量 Q_1 已经得到满足，所以第二阶段的增量销售量就是 $Q_2 - Q_1$，第二阶段所带来的收入就是 $P_2 \times (Q_2 - Q_1)$，如图 7—2 所示。

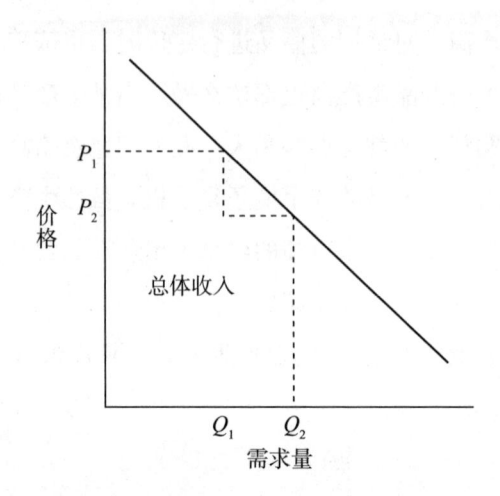

图 7—2　与价格下调相关联的增量收入

假设该公司开始的定价是 P_2，那么总收入就会是 $P_2 \times Q_2$，而不是 $P_1 \times Q_1 + P_2 \times Q_2 - P_2 \times Q_1$。与之前那种通过更高的初始定价来吸引那些愿意花高价购买的客户，然后再通过降价吸引另外一批想花低价购买的客户相比，公司可以获得的收入差额为 $(P_1 - P_2) \times Q_1$。当然，这样可能并不会将所有人都引入市场，因为这个经过修正的价格仍然可能高于人们的支付预期。因此，卖家可以过一段时间再对价格进行一次下调。这样做，每次价格下调都能够吸引一批之前不愿意以高价购买商品的客户用当前的价格进行购买。最终，商家可以实现利润最大化，因为客户支付的价格基本上已经接近他们愿意支付的最高价了。

随着时间的推移，通过逐步降价来吸引源源不断的消费者，是企业在了解商品需求的基础上增加利润的一种方法。另外，企业还可以通过随着市场环境的变化不断调整其价格的方法来实现利润的增长。这种浮动定价的方法在一定范围的环境中已经形成了一种气候。许多美国职业棒球大联盟球队的比赛门票都是浮动定价的，并不是整个赛季的所有比赛都收取同样的价格。球队除了会根据棒球场中座位的位置进行差异定价外，还会对

第7章
大数据驱动的定价策略

类似跨联盟比赛中的同城角逐之类的"高级"比赛定更高的价格。另外，如今球队还会根据天气、球队表现和首发阵容来调整价格。这个方法同样被用于销售音乐会的门票。据全球领先的票务公司 Ticket Master 首席执行官称，即使是场地中有成千上万个座位的音乐会，平均也只有三种不同价位的门票。

任何一个订过机票的人都知道，航空公司在很长一段时间内执行的都是浮动票价，每一天的票价都是变动的。其他的交通服务商也都不甘落后，纷纷去追赶浮动定价的潮流。美国领先的约车服务提供商优步（Uber）提供的专车服务就是一个这样的例子。有客户在 Twitter 上抱怨说，平常不过 35 美元的车费，在除夕夜居然要到 200 多美元，这都是拜优步公司的浮动价格政策所赐。就像优步公司首席执行官特拉维斯·柯蓝尼克（Travis Kalanick）对《华尔街日报》说的那样，尽管客户可能不一定喜欢，但公司实行的浮动价格政策和其他行业一贯的做法并无二致：

> 如果你要去订一间酒店客房，你知道价格是可以浮动的。你知道如果你现在不订，价格有可能会下降，也有可能会上涨。你也知道如果在圣诞节前一天购买机票或许要比圣诞节前两周贵 10 倍以上。这些你都可以接受和理解。但是在地面交通，固定价格已经有 100 年的历史了。因此，这需要一个观念转变的过程。

各州政府也都在想办法通过实行浮动价格来增收。受够了上下班高峰时段在路上被堵得水泄不通了吗？在佐治亚州，只要你愿意花钱，就可以使用"高速车道"。不过，每英里的价格会根据路上的车流量情况在 1 美分和 90 美分之间浮动。这一政策同样也可以用在停车场，不论是政府运营的智能电表，还是企业运营的停车场。根据一天中不同的时间和一周中不同的日子，停车场经常会在城里有特别活动的时候提价，因为他们预测泊车需求会增长，客户会为了便利而愿意埋单。

Profiting from the Data Economy:
Understanding the Roles of Consumers, Innovators, and
Regulators in a Data-Driven World

|大数据经济新常态：如何在数据生态圈中实现共赢|

到目前为止，我们所讨论的每一个例子都依赖于两个共同的原则。

第一，消费者并不相同。随着消费细分市场的发展，我们已经改变了"所有消费者都一样"的观念。无论是大规模定制，还是一对一营销，都是这一理念的演变。以一位想要购买两张演唱会门票的消费者为例。他与他的邻居和同事都是不同的。如果他们在光临 Live Nation 这个全球最大的演唱会推手公司网站的时候，该公司能够进行识别，就可以为他们量身定制不一样的体验。如果 Live Nation 网站知道一个消费者在过去十年里从不落下一场某乐队在本地的演唱会，那么该公司就可能会向他展示最好的座位。如果该公司发觉他几乎从来不看演唱会，并且通常都是选择最低价位的门票，那么该公司就可能向他推荐位置稍好但价格又不太高的门票。

第二，消费者都是根据不同情境而做决定的。假设门票正在快速热卖，而且已经没有多少邻近的座位可供预订了。那么该乐队的铁杆粉丝可能会一心想着尽快拿到票进场，所以对座位的价格就会不太敏感。然而，一个只想在周五晚上找点事做的人，可能会更倾向于认为只不过是听听音乐而已，就不会匆忙做出购买的决定。所以，因为座位的稀缺而采用更高的价格，可能就会把后面这种类型的消费者赶跑。

基于需求的定价策略使得组织可以更恰当地为商品定价，从而与消费者的支付意愿保持一致。但是，到目前为止，本章中所提到的案例都着重于总体市场条件如何用于实时调整价格。剩余座位、天气状况以及道路拥堵情况都是影响所有消费者的因素，但根据刚刚描述的购票经验，企业可用的信息远远不止这些。个人数据完全可以与总体市场条件相结合。抛开潜在的法律问题暂且不谈，这样做的话，公司对消费者的报价可能就不仅仅只是因市场条件而变化了，也可以因为消费者不同而不同。考虑到近几年来市场营销分析所使用的方法，这种情形绝不是牵强附会。

第 7 章
大数据驱动的定价策略

通往地狱的消费者快车道

随着市场逐步转向以顾客为中心,各零售商也开始在个性化定价方面试水了。在《华尔街日报》所做的一项调查中发现,办公用品零售业巨头史泰博(Staples, Inc.)官方网站 Staples.com 上的同一款商品,会根据访客住所的不同位置而展现出不同的价格。经过进一步挖掘,他们发现史泰博的定价与竞争对手实体店的位置有关。如果你住在一家竞争对手的连锁店附近,比如麦克思办公(Office Max)或欧迪办公(Office Depot)等,史泰博就会向你展示一个较低的网上价格,让你从史泰博购买,而不在其竞争对手的实体店购买。

使用个人地理位置信息可以让零售商在运营中考虑到竞争格局。如果消费者可以光顾多个零售点来购买同一种商品,那么使用消费者当前位置信息在其访问网站时就需要企业提供更具竞争力的价格,让消费者有可能放弃想要从特定零售商那里购买的念头。因此,一些消费者通过提供他们的位置信息就有可能以更低的价格买到他们感兴趣的商品。这似乎是消费者不大会反对的东西。

史泰博并不是唯一一家在制定定价决策时将地理因素考虑在内的企业。除了史泰博,《华尔街日报》还发现包括全球领先的家居建材用品零售商家得宝(Home Depot)、美国领先的信用卡发卡和金融服务机构发现金融服务(Discover Financial Services)、语言学习软件如师通(Rosetta Stone)等都在实行在线个性化定价策略。比如家得宝,就是根据其最近的实体店位置进行定价的。发现金融服务在一次信用卡促销活动中,根据访客光临网站的城市不同会显示不同的政策。然而,位置信息只不过是零售商可能用来进行定价的参考信息之一。

如师通还会根据访客来源和访问方式提供个性化的商品建议。除了根据访问位置设置价格外,该公司还会考虑其他因素,如访客是来自搜索引

Profiting from the Data Economy:
Understanding the Roles of Consumers, Innovators, and
Regulators in a Data-Driven World

| 大数据经济新常态：如何在数据生态圈中实现共赢 |

擎，还是来自社交平台链接；是通过移动设备联网，还是通过桌面电脑联网等。为什么该公司要把这类因素考虑进去呢？该公司的发言人对《华尔街日报》说："我们现在越来越注重市场细分和目标定位。"如师通认识到，所有的客户都是不同的，不论是他们对商品的兴趣度，还是他们对于价格潜在的敏感度。

参照访客的地理位置，考虑访客来源的网站，以及访客所使用的设备，都让企业对消费者的看法越来越谨慎。无论台式机还是手机、苹果电脑还是其他PC机、谷歌还是必应（Bing）或Facebook，这些都是客户细分市场可能会用到的参数。但是，正如前面所指出的那样，企业对于客户细分市场的专注还不够精细，特别是当我们拥有个人客户的详细信息时。以史泰博的竞争对手欧迪办公为例，该商家承认自己使用客户的浏览历史记录和位置信息为到访网站的客户提供个性化体验。除此之外，该商家还针对不同访客展示不同的商品。研究人员已经证明，这种基于访客知识的网站定制是有潜在好处的。在一项研究中，来自美国麻省理工学院的研究人员发现，根据用户的行为轨迹进行网站个性化定制，使得用户的购买意向增加了20%以上。那这么大的收益是如何获得的呢？该项研究的作者所得出的理念是，更高的销售业绩可以通过对网站访客认知风格特征的匹配来得以实现。因此，通过对网站访客的点击流进行"变异分析"，就可以找到设计与用户之间的最佳契合点，从而设计出更好的用户界面。

就像大多数与个性化营销相关的例子一样，使用消费者所生成的数据是一把双刃剑。为用户提供更适合他们的在线体验可以看作是给消费者带来的好处。就像为了让消费者只获得他们最感兴趣的商品宣传材料，直销活动可以进行改进一样，网站设计也可以为了更好地适合每一个人而进行个性化定制。但是，为了得到这些好处，用户就要通过点击来提供数据，从而使企业能够更多地了解他们。除了能够提供个性化的体验外，这些数

第 7 章
大数据驱动的定价策略

据的使用也有可能损害消费者权益。

经过对网站进行价格测试，亚马逊集团董事会主席兼 CEO 杰夫·贝佐斯对关于根据客户数据进行定价的指控回应说："我们从来没有、也永远不会根据客户人口统计学数据对客户进行价格试探。"很显然，这不过是一种安抚辞令。那么从亚马逊或其他零售商对于使用客户数据的态度来看，我们又能知道什么呢？还真没什么。与购买商品的观点、浏览模式以及我们在网上进行信息搜索的策略、交易、消磨时间等其他数字踪迹之类的详细客户数据相比，客户的人口统计学数据也只不过是可供零售商使用的潜在信息之一而已。此外，如果消费者的行为数据被用于包括促销活动和促销价格在内的营销策略决策，那么客户的人口统计数据可能就是多余的了。

对于第一次光临网站的消费者，服务提供商或零售商又该如何展示其提供的服务或商品呢？根据种族？还是根据性别？这些信息可不是上网就能够获得的。在线营销公司不使用人口统计学数据进行商品的推荐。此外，该公司也不知道消费者的个人姓名。被动收集上来的数据可能会包含用户浏览历史信息，根据这些数据，就可以预测出用户所属的人口统计学细分群体。这虽然不能百分百地保证当时的准确性，但至少能够使营销人员补充他们所拥有客户的信息，并根据消费者提供的大概数据采取行动。

可是就没有相应的安全措施来保护消费者吗？《公平信贷法》禁止金融服务供应商根据诸如种族、宗教、婚姻状态之类的诸多因素对消费者进行差异对待。然而，它却禁止不了在线浏览或购买历史的使用。我们将在下一节来讨论这个话题。不过，在此之前，我们都是假设消费者是知道并信任组织对其数据的利用行为的。

2005 年，宾夕法尼亚大学安嫩伯格国家政策中心发布了一份描述消费者对营销人员应该如何使用个人数据的认知描述报告。根据互联网用户调查显示，大多数的消费者并不知道企业如何使用他们的数据。75%的受访者都错误地认为，根据隐私协议，网站"不会向其他网站和公司分享他们的信息"。差不多相同比例（72%）的受访者并不清楚，"即使未经许可，也允许慈善机构将他们的名单卖给其他慈善机构"。而且64%的受访者并不知道，"允许超市向其他公司出售消费者所购买物品的信息"。

除了数据的共享，公众对于企业收集客户详细数据的行为也有一定程度的不满。将近66%的受访者都不赞同这样的说法，即"我同意我所购物的超市保留我购买行为的详细记录"。除了数据的共享和收集活动，消费者也透露出了对个性化营销活动的反感：87%的受访者都不赞同这样的说法，即"我同意我所使用的在线商店在相同时段就相同商品按不同的价格向不同的人群出售"，76%的受访者称，"了解到其他人以更低的价格买到相同的商品时"会感觉不爽，72%的受访者不认同企业向经常光顾的顾客提供比其他顾客更优惠价格的做法。

从差异定价中获益

尽管有证据表明，消费者会对数据共享和由于类似消费者价格差异之类的个性化营销活动所导致的潜在的不公平感到不爽，但对这些活动的反对意见也不是全都能站得住脚的。是否在某些场景下，企业使用已有数据就同一商品向不同消费者收取不同价格而不会让消费者感到不爽呢？使用消费者地理信息或人口统计学信息来决定价格的情况如何呢？或许可以。

据美国众议院议长约翰·博纳（John Boehner）称，"20世纪80年代读大学费用的上涨速度比普通家庭收入的上涨速度快出三倍以上"，并且"20世纪90年代大学费用快速增长的趋势将继续不受约束"。实际上，《美国新闻与世界报道》（*US News and World Reports*）杂志的一项研究发现，私立大学的"标价"在1993年~1994学年和2013年~2014学年之间

第 7 章
大数据驱动的定价策略

大约增长了 60%。然而，由于不同的财政补贴，学生所支付的实际价格可能会与学费标价存在较大的差异。据该报告显示，学生的平均支付价格在同一时间仅上涨了大约 30%。《大西洋月刊》的一份专题报道也显示了类似的悬殊。从 2000 年到 2012 年的这段期间，私立学校的标价增长了大约 30%，然而摊在学生身上的费用只增长了不到 10%。在公立学校，我们也看到了同样的模式：学校标价增长超过 35%，而实际支付价格大约增长了 15%。

这并不是说上大学很便宜，或者说上大学没什么成本。那么，我们再来看看现在一些学校是怎么运作的。首先，公立大学对州内学生和州外学生收取不同的学费。一种合理的解释就是，这种价格差异是因为本州的学生家庭已经向州政府缴税多年，其中税收的一部分会用来支持本州的高等教育，而州外家庭没有在本州缴税，没有为州政府的财政预算作出过贡献。因此，面向州内学生和州外学生的学费就形成了巨大的悬殊。例如，2014 年~2015 学年威斯康星大学面向本州学生的本科学费是 10 424 美元，面向签署互惠友好协定的明尼苏达州的学生是 13 214 美元，而不属于这两州的学生就要 26 674 美元。非威斯康星州居民的学费要比威斯康星州居民的学费高出 150% 以上。

我们再来看一看私立学校的情况。哈佛大学指出，家庭收入低于 65 000 美元的学生，一般无须支付任何学费，而那些家庭收入高达 150 000 美元的学生，一般要支付高达其家庭收入 10% 的学费。宾夕法尼亚大学 2011 年~2012 学年学费、食宿费以及其他预期费用的标价是 57 360 美元，而一名新生入学的平均财政补贴就有 38 584 美元。

尽管公立大学的学费根据学生家庭居住地来进行区分，但是家庭还需提供相应的资料。在完成联邦学生补贴免费申请时，申请人必须提供纳税申报单、上年工资表、银行对账单以及自己的投资记录，如果还依靠父母生活的话，还要提供父母的投资记录。宾夕法尼亚大学需要补充的信息还必须包括学生及家长的收入明细和资产明细。

大学学费就是一个让申请者欣然为其提供信息的例子。这些信息能够得以顺利采集，主要是因为大家都有这样一个共识，那就是这些信息将用于确定他们的补贴资格，并最终影响他们一个学年的学费成本。那些对补贴需求表达得越充分的人，将获得更多的补贴，同时也将支付更低的自付费用。然而，那些对补贴需求没那么迫切或没有资格得到补贴的人，就只好乖乖地接受昂贵的高价学费了。正如上述《美国新闻与世界报道》杂志中提到的那样：

> 实际上，标价中的大部分增长反映的只是学校在差异定价方面的能力，或者说是学校以同等的教育服务面向不同学生而收取不同费用能力的改善。这种改善是值得肯定的，因为正是这种差异定价使得更多的人能够负担得起高等教育的费用。针对控制学费增长的政策将妨碍学校进行差异定价的能力，造成低收入学生入学率下降，从而损害低收入学生的利益。

如何既收集数据又让顾客满意

让我们暂且将目光从高等教育市场转向更典型的营销市场背景下，即服务提供商和零售商的情况。我们就先以金融服务提供商为例吧。你是否符合银行信用卡申领资格，或是你申请一笔贷款时银行提供给你的利率，都是银行根据你的信用度决定的。我们不会反对金融服务提供商根据我们的信用历史记录做出决定。同样地，我们也不会拒绝汽车保险提供商根据我们的行车历史设定保费。

然而，如果这些企业是根据其他的数据源而做出的哪些商品可以提供给哪些客户、或是以不同价格提供给不同客户的决策，我们会反对吗？如

第7章
大数据驱动的定价策略

果某金融服务提供商根据我们的社交媒体活动情况，比如我们喜欢的品牌、我们关注的人群以及我们发帖的频率来做决定，我们还会没意见吗？这些问题很值得深究。那如果根据我们的浏览行为和购物行为数据进行决策呢？各保险公司都在探索这样的数据是否可以用于预测寿命来为人寿保险设定保费。消费者会为了可能的但并不保证的低保费而愿意向保险公司提供这些数据吗？

虽然我们觉得一些公司使用某些消费者数据来作为其决策的基础没什么，但如果所有的公司都这么做，我们还会觉得无所谓吗？或者说，对于企业使用不同层面的消费者数据，我们觉得无所谓的程度是否取决于企业呢？为了研究这个问题，我们在贝恩公司（Bain & Company）的协作下，做了一项有关消费者偏好与数据共享的调查。最终完成调查的1 006名参与者回答了许多关于消费者关心的隐私、对组织利用消费者生成数据的满意度以及其在线行为的问题。为了弄清楚用户对于有关在线隐私和他们所生成数据担忧的本质，受访者就一系列陈述按他们可以接受的程度进行了回馈。根据受访者的回馈，我们使用了因子分析法分析了用户对于隐私和个人数据见解的三个不同层面。

第一个层面是关注安全，与受访者普遍关注的保护在线隐私有关。受访者在这一层面给出高分的人倾向于同意以下陈述：

- 我最担心的是，有人会访问我的银行账户，并盗走我的钱；
- 我最担心的是，有人会盗走或猜出我的在线账户密码；
- 我最担心的是，我的电子邮箱遭受他人攻击；
- 我最担心的是，我在公司网站和社交媒体网站上的隐私和数据。

第二个层面是反对个性化营销，与受访者关注的哪些数据可用于个性化市场营销活动的接受度有关。受访者在这一层面给出高分的人普通同意这些陈述：

- 我最担心的是，企业监控我的电子邮件；
- 我最担心的是，企业未经我的许可而使用我的在线数据；
- 我最担心的是，政府监控我的电子邮件和在线信息；
- 我最担心的是，为我定制的广告是基于我所访问的网站和我在线发送的信息；
- 我认为，广告变得太过私人化了；
- 我认为，企业在影响我去购买我并不想要的东西，因为他们对我了解太多了。

最后一个层面是数据放任，获取的是受访者对于企业使用和共享消费者所生成数据的关注度。受访者在这一层面给出高分的人同意以下陈述：

- 我不认为企业使用我的个人数据对我有什么不好；
- 我不认为企业共享我的在线数据对我有任何不好。

基于这三个层面，我们对消费者进行了细分，得出了四个不同的群体：其中最大的消费者细分群体——"反对市场营销"群体，占34%。组成这个群体的消费者对于何种程度的市场营销属于个性化营销，以及对于企业如何利用和共享他们所生成的数据表示担忧，表达了比其他人更高的关注度；第二大消费者细分群体——"认为数据营销无害"群体，占31%。组成这个群体的消费者基本上对于企业利用和分享消费者数据不太关心；第三个消费者细分群体——"觉得一切都好"群体，占21%。组成这个群体的消费者基本上连隐私及其数据都不太关心；最后一个消费者细分群体——"关注安全"群体，占14%。组成这个群体的消费者关注的是数据安全，但对于个性营销程度并不关注。和"反对市场营销"群体一样，这一群体的消费者对于企业使用和共享数据的方法都持保留意见。

基于前面分析的三个层面，我们对这些消费者细分群体进行了汇总。

第7章
大数据驱动的定价策略

在表7—1中,"+"号和"—"号表示的是该消费者细分群体(行)倾向于认同该层面(列)的人数比平均人数是多还是比平均人数少。例如,"反对市场营销"群体成员对于与"反对个性化营销"因素相关的陈述有更强烈的认同,对于与"数据放任"层面相关的陈述就不认同,而"认为数据营销无害"群体则倾向于认同包含有"数据放任"层面的陈述。

表7—1　　　　受访者对于消费者数据使用观点的细分

	关注安全	反对个性化营销	数据放任
"反对市场营销"群体(345人)		+	—
"认为数据营销无害"群体(309人)			+
"觉得一切都好"群体(208人)	—	—	
"关注安全"群体(144人)	+	—	—

　　基于这些细分群体,我们就消费者可以接受企业与其他的企业共享哪些数据的问题进行了调查。大致有一半的受访者表示,他们已经发布的在线评级、评论和其他在线回复被共享的话是可以接受的。只有不到40%的受访者愿意分享他们的喜好。消费者所生成数据的这两个方面中一个共同的话题,就是我们的活动常常会使这些数据变得公开可用。例如,社交媒体活动或产品评论就使得这些信息可供其他人使用。

　　然而,那些不是为了公众消遣而生成的消费者数据呢?差不多40%的消费者表示,企业共享消费者曾光顾过的商店是可以接受的,但却只有30%的消费者愿意共享他们的购物地点,大概只有20%的消费者会允许企业共享他们的购物明细。在位置信息方面,不论是当前位置还是以前曾光顾过的位置,似乎都成了敏感地带,只有17%的消费者愿意允许企业共享他们的当前位置,只有11%的消费者愿意允许企业共享之前的位置信息。

　　纵观这四个消费者细分群体,我们可以看到,"认为数据营销无害"

群体的受访者是最愿意允许共享他们数据的群体。然而，即使是这些受访者，在共享他们的数据面前也表现出了一定的勉强和犹豫。与所有受访者中有 30% 的人愿意允许企业共享他们的购物位置相比，"认为数据营销无害"群体中也只不过才有 40% 的人愿意共享此类数据。反过来，"反对市场营销"群体中仅仅只有 20% 的人愿意共享此类数据。你大概也已经看出来了，"反对市场营销"群体是最不愿意允许共享他们数据的人群。

受访者还回答了是否愿意为了产品开发或市场营销活动而与企业分享他们的个人数据的问题。我们考虑到了个人数据的方方面面，包括移动应用的使用情况、位置信息、浏览和购买信息、个人联系信息，等等。受访者普遍表示，在这种情况下更愿意共享来源于个人活动的数据，但对于分享他们的社交联系人信息表现出了一定的勉强和犹豫。尤其是受访者对于共享他们的移动设备联系人信息比社交媒体联系人信息更为迟疑。总之，"认为数据营销无害"群体和"觉得一切都好"群体是最愿意共享其行为数据的群体，而"反对市场营销"群体是最不愿意共享其行为数据的群体。

为了满足消费者在其他方面对于隐私的期望，我们还询问了消费者是否会对阻止不同类型的机构访问他们的个人数据感兴趣。"反对市场营销"群体中有一半以上的受访者有倾向性地表达了想要限制一切机构访问其个人数据能力的意愿。

在所有细分群体中，受访者对于限制政府收集其个人数据的能力有着极大的兴趣，其中超过 60% 的受访者表达了这一意愿；紧随其后的，有 60% 的受访者希望能够限制金融服务提供商收集个人数据的能力；有 59% 的受访者希望能够限制社交网络和社交媒体平台收集个人数据的能力；有 54% 的受访者希望能够限制移动运营商收集个人数据的能力。尽管如此，对于企业来说，这还不算什么坏事。相比之下，表示希望防止企业访问他

第 7 章
大数据驱动的定价策略

们数据的消费者还算是少数。其中希望防止生活超市访问的占38%，希望防止母校访问的占39%，希望防止航空公司访问的占41%，希望防止服装零售商访问的消占41%，希望防止百货公司访问的占42%。

那么，消费者对于其隐私相关的观点说明了什么呢？在四个消费者细分群体中，有两个群体几乎有一半的受访者，对于企业使用和共享个人数据的方法持保留意见。此外，消费者似乎对于自己数据隐私的不同方面有着不同的估值。这或许会让消费者相信，他们对于自己产生的数据有着所有权，而这些数据可能会产生一种禀赋效应。尽管消费者相信，他们的数据有着很高的价值，但他们却不愿意在保护他们的隐私方面投入更多。最终，这些数据的禀赋效应可以证明，对于寻求与消费者产生的数据进行合作的机构，以及旨在保护消费者的监管部门来说，都是一个棘手的问题。

消费者为了自己的使用通常还是愿意分享自己的数据的，但当要与企业分享自己的社交关系时，他们就会变得敏感起来。鉴于市场营销人员对于利用消费者接触到他们联系人的兴趣，在这一领域的市场营销人员应该更加谨慎行事。尽管相对广告而言，消费者更加相信社交关系中的口碑，然而对于试图利用他们社交网络的企业，消费者可能不会作出积极的响应。

消费者的数据隐私偏好似乎还取决于是谁在向他们索取数据。通常情况下，我们发现消费者对于限制零售商访问其个人数据兴趣不大，而对于阻断电信服务提供商获取其个人数据的能力，消费者就会表现出更大的兴趣。在这一点上，也只有对限制政府访问其数据能力的兴趣能够超越之。决定消费者对于数据隐私理解的根源已经超出了此次调查的范围。或许是一连串的数据泄露事件，定向广告的当前状态，以及最近由政府执行的有关数据收集程度的披露，引起了消费者普遍的关注。

那么企业又该如何想办法去挖掘消费者所生成的数据呢？鉴于提高透明度的呼声，加上消费者对各行各业各种类型数据的隐私担忧，可能会让企业以更精准的方式进行数据收集活动。例如，市场调研公司InfoScout就通过允许消费者通过购物应用扫描他们的购物小票换取现金和礼品来收集数据。购物行为数据是数据收集的典型数据，也是制造商共享的典型数据。未来市场营销分析提供商可能会关注不同方面的消费行为，寻求特定的行业服务。对于这些提供商来说，最重要的一点就是要时刻谨记消费者对共享其网络生活方方面面的敏感度。

这也为这些营销服务提供商的客户提出了警告。随着我们对消费者细分研究的揭露，我们发现，并不是所有的消费者都对提供他们的生活细节来协助机构开展营销活动感兴趣。因此，那些选择提供他们所生成的数据的人，无论是否用之来换取费用，都可能不会提供更广泛人群的精确描述。这是在大数据时代一个常常被忽视的问题。虽然技术进步可能使得数据的获取变得相对轻松，但我们从消费者行为数据中分解出来的见解可能还只是限制在那些愿意分享他们个人数据的人群之中。

消费者数据的价值何在

包括宝洁、联合利华和百事可乐等在内的快速消费品制造商都在使用InfoScout收集的数据来填补零售商所提供数据的不足。据《广告时代》报道：

甚至在手机购物应用风靡之前，快速消费品品牌就已经有了丰富的数据源，用来显示产品购买信息和顾客人口统计学信息，同时还可以帮助连接促销广告宣传和销售之间的断点。但是企业还是会抱怨，对于谁购买了他们的产品没有足够的了解，而且对于他们的产品为什么或者如何适应大宗购买，他们也觉得自己得到的数据不够快。

虽然零售商可以为制造商提供可用来评估促销的销

第 7 章
大数据驱动的定价策略

售数据,但这些数据(无论是日报还是周报)都不能清楚地显示谁进行了购买。

1. 通过手机购物应用收集的数据,是如何帮助快速消费品制造商确定有哪些消费者购买了其产品的?

2. 品牌经理是否可以使用这些信息来评估营销工作的有效性?

3. 制造商如何决定他们应该为通过手机应用收集来的更细粒度的数据得出的见解支付多少钱?

4. 除了在实体店进行购买,消费者也通过移动设备生成数据。那么制造商以及类似 InfoScout 这样的数据采集商该如何评估消费者产生数据的其他因素对于他们的价值?

Profiting from the Data Economy:
Understanding the Roles of Consumers, Innovators, and Regulators in a Data-Driven World

第 **8** 章 | 对消费者数据的使用真的需要监管吗

Profiting from the Data Economy:
Understanding the Roles of Consumers, Innovators, and
Regulators in a Data-Driven World

|大数据经济新常态：如何在数据生态圈中实现共赢|

　　消费者是否愿意将他们的数据交给企业呢？根据我们前面所得出的结论，答案是肯定的。可是，消费者想要用他们的数据来换些什么呢？据IBM公司的一项研究表明，只要商家愿意向消费者提供价值，消费者是愿意与商家共享数据的。消费者共享数据的意愿在很短一段时间内发生了巨大的变化。2011年的时候，愿意与商家共享位置信息的消费者仅仅只有19%。而到了2013年，这个比例几乎增长了一倍，占到了36%。大约有三分之一的消费者为了接收营销信息，愿意将自己的社交媒体账号以及电话号码与商家共享。

　　那么是不是所有愿意与商家共享其信息的客户都会让商家不受限制对其数据进行访问呢？尽管IBM公司的研究结果显示，对于商家利用包括位置信息、社交媒体帖子、联系人信息和浏览历史信息等在内的个人数据问题，大多数接受调查的消费者都表示表示理解或无所谓，但也并不是所有的消费者都持这个态度。差不多有30%的消费者对于商家利用其位置数据持抵触态度，并且有20%的消费者对于商家访问其浏览历史记录也持抵触态度。

为消费者隐私估值

　　消费者都不尽相同。我们知道，在品牌认同度和价格敏感度方面，并非所有的消费者都是一样的。正如IBM公司的调查报告和其他研究材料所

第8章
对消费者数据的使用真的需要监管吗

展示的那样，也并非所有的消费者对于组织访问其所产生数据的观点都是一样的。研究人员在对移动应用使用情况的调查中发现，消费者对于不同类型的数据会花费不同的隐私保护成本。例如，消费者对其浏览历史记录的一次性估值为2.28美元，而对联系人名单的估值则为4.05美元，对其位置信息的估值却只有1.19美元。而另一项研究则发现，几乎60%的英国成年人愿意花钱来保护自己的隐私。平均算下来，受访者愿意支付每月大约4美元，一年约50美元的费用，以确保他们的数据隐私得到保护。

事实上，电子邮件服务提供商已经证明了，一些消费者是愿意向公司支付费用确保其隐私不被泄露的。微软Outlook.com的用户每年只需支付20美元就可以享受登录后无广告的电子邮件服务了。该服务与谷歌的Gmail服务形成了鲜明的对比。用户只要使用Gmail，就给了谷歌为了广告目的而对信息进行扫描的权限，并且"广告可能会针对存储在（Gmail电子邮件）服务器上的信息内容"。如果用户觉得一年付20美元来屏蔽广告是值得的，也就是说用户花钱来防止电子邮件服务商对邮件内容进行扫描以及为了定向广告的目的而对信息文本进行处理，那么微软就为用户提供了这样的选项。

就像美国AT&T公司提供优惠上网服务以换取用户网上行为的访问权限一样，说明消费者可以就此做出选择。如果消费者选择了优惠上网服务，那么服务提供商就可以免费获取消费者所生成的数据，进而利用这些数据通过改善其精准营销实现创收。如果消费者不选择优惠上网服务，那他们就是愿意花钱保护自己的数据隐私。

数据所有权和隐私的概念是个棘手的问题。伴随着我们在互联网上活动的增多，我们行为的数字踪迹就很容易被采集到。社交媒体上发布的内容、浏览行为、搜索活动以及购买记录都属于我们在线活动的范畴。很显然，我们所使用的生成此类数据的网站或平台对这些数据拥有访问的权限。

但是，网站和平台却常常利用这种访问权限来指导他们的经营活动。在线零售商根据你的浏览记录来为你推荐商品是一回事，而将这些数据优化打包给另外一家公司使用就是另外一回事了。

尽管对于我们所使用的平台访问我们所生成的数据无可厚非，那其他公司是否也有权访问我们的数据呢？在线搜索引擎活动一直以来就被当作证据来使用，并且曾经在一起涉嫌谋杀妻子的案件中为被告人定罪起到了关键作用。Twitter信息也曾被美国政府用于传唤调查维基解密创始人朱利安·阿桑奇（Julian Assange）的证据。可见，人们对于其留下的任何数据记录中的隐私不必抱过多期望。这与英国《卫报》报道过的因谷歌为了广告目的而扫描电子邮件的行为所引起的集体诉讼类似。

个人愿意花钱来限制共享他们的个人数据也在一定程度上证实了我们不能指望默认的隐私保护。事实上，在这个数据驱动的时代，种种迹象表明，所谓隐私只不过是一个传说。2006年，互联网服务提供商美国在线为研究人员发布了一个数据集，数据集中的每一个独立用户都包含着一个随机用户号，以及他们搜索行为的历史记录。尽管数据在发布之前已经做过匿名化处理，将用户名或在线身份信息替换成了用户号，但还是不足以为数据库中的所有用户提供匿名保护。正如《纽约时报》所报道的那样，用户在进行查询时，她的位置和名字就已经暴露了，记者就可以根据该用户所查询的内容对该用户进行确认。

你的在线浏览行为完全是从你自己的活动中产生的。所以，根据特定的搜索内容识别出正在进行一系列搜索的某个人完全是可以理解的。但是，要是我们小心选择自己共享的数据会怎么样呢？一直以来备受争议的Facebook最近宣布了一项新的隐私控制条款，让用户可以自己决定向第三方应用开发商共享哪些信息。那如果我们选择不共享我们的信息不就行了吗？在完善社交媒体网站上的用户资料时，你无需填写你的婚姻状况、政

第 8 章
对消费者数据的使用真的需要监管吗

治倾向或性取向。但是，那也不能防止别人进行推算和猜测。

通过关联勾勒用户

研究人员通过使用从 Facebook 收集到的数据和对研究参与者的调查，发现我们在社交网络平台上的活动和所持有的观点之间有着很强的关联性。研究人员通过收集 50 000 多名志愿者在 Facebook 上所点的"赞"，并对这些"赞"进行处理，分析了这些"赞"是否可以预测用户在 Facebook 上的个人资料，比如年龄、性别、政治与宗教观点以及婚姻状况，等等。随后，研究人员更进一步研究这些"赞"与用户性格特点之间的联系，比如外向性、情绪稳定性以及智力情况，等等。

我们先暂且不谈调查手段的使用，先来关注一下用户资料中的信息。有些用户可能会故意在个人资料中留下不完整的信息，让想要共享其个人数据的商家无从下手。然而，只要有其他用户愿意提供这种信息，这就提供了一系列可以用来在用户点"赞"和个人信息之间建立关联的数据，进而就可以使用这些数据来推断那些不愿留下完整信息的人的用户资料。与任何的预测模型一样，这样的预测也不会百分之百地准确，但这些推断出来的用户群体或许可以给市场营销人员带来足够的信心。如果一些用户也愿意完成调查，那么社交媒体活动和性格特征之间的关系就可以生成其他用户个性特征的推断，从而为精准营销的目的而服务。将这些推断出来的个人资料应用到实践中，营销人员就可以通过用户对基于推断资料定向广告的回应，来测定评估其准确性，并由此作出改进。

要是用户对自己的活动有所限制呢？当然要是那样的话，组织要了解这些用户的个人信息就会变得困难了。然而，即使因用户不愿提供信息而造成获取用户资料困难，在逻辑上要弥补这方面的空缺也不是什么难事。这种同质性的概念最早可以追溯到亚里士多德和柏拉图时期。通俗点讲，

Profiting from the Data Economy:
Understanding the Roles of Consumers, Innovators, and
Regulators in a Data-Driven World

| 大数据经济新常态：如何在数据生态圈中实现共赢 |

可以概括为"物以类聚，人以群分"。类聚的概念可以通过多个维度对人群进行记录，包括种族、民族、年龄、宗教、教育、社会阶层、政见和信仰，等等。通过相似的政见和信仰吸引其他的人也被称为"价值类聚"，而正是这种同质性的类聚，让我们可以从根本上质疑社交媒体时代的任何在线隐私概念。

我们的社交联系人反映了我们是什么样的人。如果你接受这种推理，那么我们社交联系人的动向就能在一定程度上反映我们的政见和信仰。即使我们费尽心机地去限制我们通过社交媒体平台分享的信息量，我们的社交联系人的动向或许就可以揭示哪些东西是我们可能会产生共鸣的。

现在我们再回到关于 Facebook 点"赞"与个人性格特征之间建立关联的研究上来，以开放性性格特征为例。在这些最具预测性的点"赞"内容中，保守性方面包括有纳斯卡赛车（NASCAR）、娱乐与体育节目电视网第二频道（ESPN2）、真人秀节目《单身汉》（*The Bachelor*）和《少女妈妈第二季》（*Teen Mon 2*），等等。而自由和艺术方面的包括有英国作家王尔德、美国女诗人普拉斯、画家达·芬奇和作曲家科恩等。

我们假设你很多的社交联系人都表示他们喜欢纳斯卡赛车和《单身汉》节目。他们可能会通过社交媒体活动的形式，比如在 Facebook 上点"赞"或在 Twitter 上发帖来表达他们的喜好。另外，也有可能根据他们的上网浏览活动或电视收看行为来收集相关数据。基于这些因素，可以看出你的很多联系人都比较保守，这将导致分析人员认为，你也和他们一样更倾向于比较保守的性格特征。尽管你尽了最大的努力，但如果你的社交联系人在维护自己的在线隐私方面不像你一样谨小慎微，各行各业的营销人员——包括从快速消费品制造商到总统大选管理人，乃至慈善基金筹款人，都可以了解到你是个什么样的人。

有些人可能会争辩说，就算独具慧眼地看出某人是保守性格还是激

第 8 章
对消费者数据的使用真的需要监管吗

进性格，那又和这些不愿共享隐私的用户有什么关系呢。但是，要是可以从潜在的负面角度看出其他性格特征呢？一项有关情绪稳定性方面的预测研究发现：喜欢诸如《移魂女郎》（*Girl Interrupted*）、《亚当斯一家》（*The Addams Family*）之类电影的人大都有些神经质，而喜欢诸如足球、跑酷之类运动的人大都平静而放松；异性恋男性更倾向于喜欢极限运动和职业摔跤大赛，而男同性恋者则更喜欢真人秀女演员凯西·格里芬（Kathy Griffin）和歌手亚当·兰伯特（Adam Lambert）；喜欢动画片《恶搞之家》（*Family Guy*）中小儿子斯特威·格里芬（Stewie Griffin）的人都有对生活不满的倾向，而喜欢游泳运动和电影《夺宝奇兵》（*Indiana Jones*）的人大都对生活满意。

就像我们的在线活动可以作为我们性格类型的指标一样，这些在线活动同样也可以揭示我们更喜欢哪些品牌。然而，为市场营销人员提供我们兴趣的详细观点的不仅仅是我们的在线活动。我们的社交联系人同样也可以提供相同的信息。虽然社交联系人所提供的信息观点无法达到消费者自愿分享自己数据所能达到的详细程度，但需要从社交联系人的可用数据中进行行为推断时，常常要比没有强。

有多个术语可以用来描述这种现象。有人将它称之为"隐私相互依存"（privacy interdependence），承认我们自己关于如何管理我们数据隐私的决定会影响到其他人维护自己数据隐私的能力。还有人称之为"隐私的外在性"（privacy externality），指的是一个人对自己隐私的决定（或不作为）会影响到旁人。

据美国白宫高级顾问约翰·波德斯塔（John Podesta）说："大数据给我们如何保护隐私提出了严肃的课题，"他还说，"我们所说的不仅仅是浏览器 COOKIE，还有我们家中的传感器以及可穿戴设备中的传感器。"伴随着美国总统奥巴马呼吁对美国国家安全局监听活动进行改革，波德斯塔的意见成为了白宫为期三个月关于企业和政府如何利用数据造福组织和公众的审查活动的一部分。

白宫的审查活动形成了一系列建议。建议呼吁推动早在2012年就首次提出的《消费者隐私权法案》（Consumer Privacy Bill of Rights）。《消费者隐私权法案》将赋予个人控制自己数据隐私的权利。具体地说，该法案指出"消费者有权对公司从个人以及个人使用过程中所收集来的个人数据拥有控制的权利。"

很难想象消费者会放弃对自己与企业所共享数据的控制权。如果组织想要访问此类消费者数据，它们需要为消费者做些什么以换取消费者的个人数据，让消费者能够得到一定价值的回报。这种价值交换可以有多种不同的形式，无论是像薄荷网或是Facebook这样服务，还是像交纳打折订阅费或连带营销费这样的简单财务补偿，都可以用来换取个人数据的访问权和使用权。

隐私权法案的呼吁并不是问题，问题在于执行。实际上，由于隐私的外在性，该法案很难贯彻执行。虽然我可以同意与组织共享我的个人数据，然而我这样做的决定会影响到我的邻居和同事所期望的维护自己隐私的能力。虽然该法案的目的或许是给消费者提供一个无法穿透的防护层，以保护他们的个人数据不受窥探，但是该法案也不过只是一个花架子，只要稍做努力就可以将之攻破，从而获取到他人的个人数据。

数据共享全免费

像安客诚这样的数据经纪公司以及像益博睿这样的征信公司都是基于可用消费者数据进行业务构建的。如果消费者要申请信用卡或按揭购房贷款，征信公司会提供一份信用评级，用以反映他的信誉以及他对金融机构的风险。尽管安客诚并不是根据是否按时支付账单来评估目标客户的，但

第8章
对消费者数据的使用真的需要监管吗

安客诚和其他数据经纪公司的工作方式类似。确切地讲，安客诚是专门收集消费者意见，并将这些意见用于市场营销活动的。

2012年，联邦贸易委员会开始对数据经纪公司关于消费者隐私的实践活动展开调查。除了安客诚，其他八家数据经纪公司也都要求提供相关信息。联邦贸易委员会要求提供的信息包括：1.收集了哪些消费者信息？2.所收集的信息是如何使用和共享的？ 3.消费者对自己个人数据的使用和销售的控制程度如何？ 2014年2月，参议员洛克菲勒与数据经纪公司进行了接洽，询问了他们所提供的"基于财务状况或健康状况进行消费者识别"的相关产品。2014年4月，两家数据经纪公司同意接受联邦贸易委员会对其违反《公平信用报告法》（the Fair Credit Reporting Act）提供不实数据的指控。公司出售的背景调查表明，求职者可能已经因为性侵被记录在案。

无论出于何种原因，无论是最近的数据泄露事件，还是因为涉及国家安全的考量，政府对数据经纪公司业务活动的兴趣正在不断增长。但最普遍的原因，还是由于使用个人数据给市场营销人员所带来的不断增长的压力。为了增加运作的透明度，安客诚公司还开设了数据门户网站，让消费者可以通过该网站看到该公司是如何对消费者数据进行编撰处理的。注册成为AboutTheData.com网站会员后，用户就可以查看和编辑安客诚所拥有的公开信息，更正其中的错误，还可以标示出自己不想用于市场营销活动的数据。

在AboutTheData.com网站的博客上，直销协会就如何收集和分析客户数据并最终惠及消费者作出了详细说明。可能惠及消费者的好处包括获取优质内容和相关性不断增长的宣传材料。除了我们前面讨论过的可以带给消费者的潜在好处外，直销协会还声称，对消费者数据的分析最终可以节省消费者时间，使他们能够获得更广泛的产品种类。这一结论和最近由

Profiting from the Data Economy:
Understanding the Roles of Consumers, Innovators, and
Regulators in a Data-Driven World

| 大数据经济新常态：如何在数据生态圈中实现共赢 |

谷歌和全球最大的市场研究公司之一益普索（Ipsos）联合所做的一项研究得出的结果别无二致。在问到消费者是否想让广告知道他们所在的位置时，超过60%的智能手机用户和超过70%的计算机及平板电脑用户表示，他们想让广告能够根据他们的位置进行定制。

另外一家可以帮助企业将更相关的市场营销信息递送给消费者的公司是益博睿。益博睿公司不仅是美国三大征信公司之一，还提供基于消费者数据的产品，来帮助企业进行消费者定向决策。在该公司提供的产品中，有一个叫做"人生大事触发器"的产品，包含了消费者结婚、生子、置业等相关的人生大事。该公司对于准父母的资料每周都会有所更新。益博睿公司数据库中每月增加的新购房业主记录数有将近30万条之多。

安客诚公司旗下一家叫做艾普西隆（Epsilon）的分公司，也是通过提供可用的消费者数据来支持组织进行市场营销活动的。该公司的TotalSource Plus解决方案所收集的数据来自五个不同维度：1.消费者人口统计学数据（如年龄、学历、职位等）；2.消费者财务数据（包括收入、信用卡类别、按揭额度等）；3.消费者交易活动（最近购买品类、采购渠道偏好等）；4.消费者人生大事触发器（头胎新生儿、家庭收入变化、最新退休情况等）；5.消费者生活方式（爱好读书、慈善、园艺等）。

那么，谷歌公司使用消费者位置信息返回定向搜索结果作为搜索查询的一部分，和像益博睿与爱普西隆这样的公司将消费者数据重新打包供营销人员使用又有什么区别呢？这大概和消费者对于个人隐私数据的认识和期望有一定的关系。当用户得到的搜索结果是根据他们的特定位置定制时，用户是可以理解他们的个人数据（这里指的是用户的位置信息）是被如何使用的。

而相比之下，用户却不直接与益博睿这样的数据整合公司打交道。以消费者在零售商处刷卡消费为例。消费者在进行交易时就知道，他们所提

第8章
对消费者数据的使用真的需要监管吗

供的这些信息对于零售商以及他们的发卡金融机构是有效的。但他们或许并不知道，他们的这些信息是可以被共享的。塔吉特红卡持卡人在进行购买时可以享受5%的折扣，同时还可能享受到其他的好处，比如处方药折扣以及他们所选学校的捐助款折扣，等等。卡片在使用时所收集的个人信息包括账户持有人姓名、地址、电子邮件地址和电话号码等。除此之外，"购买、退货、换货信息"以及"注册事件信息"同样也会被收集。那这些信息是如何利用的呢？持卡人所能了解到的，也就是这些信息会被用于订单履行、塔吉特营销活动以及其他的内部运作，包括防止诈骗，等等。

消费者可能不知道的是，他们的数据是如何被共享给其他企业的。当与其他企业共享持卡人数据时，塔吉特会对这些企业进行筛选，通常是将持卡人的个人数据与公司的合作伙伴共享，包括银行合作伙伴加拿大道明银行北美分行，以及支持塔吉特运营的其他服务提供商。塔吉特公司还会为了市场营销将持卡人个人资料共享给其他企业。以下是塔吉特公司电子版的隐私协议：

> 我们可能会与其他不属于塔吉特的公司、机构共享你的个人信息。这些公司和机构可能会使用我们共享的信息向你提供特殊优惠和机会。如果你不想让我们将你的个人信息共享给这些公司和机构，请选择本隐私协议的相关选项。

持卡人用个人数据的访问和使用权限进行交换，得到了塔吉特公司5%的折扣。根据你全家在塔吉特购物的多少、你对隐私的估值高低以及你对定向营销信息骚扰的接受程度，你可以决定这5%的折扣是不是值得。然而，在计算过程中，你其实对塔吉特以及塔吉特共享数据的公司为了获取你的数据而应该补偿给你多少金额毫无概念。

正如你所料，塔吉特公司并不是唯一一家对消费者数据进行共享的公司。贷款提供商同样也在利用消费者个人数据。比如抵押贷款服务商奥克

Profiting from the Data Economy:
Understanding the Roles of Consumers, Innovators, and
Regulators in a Data-Driven World

|大数据经济新常态：如何在数据生态圈中实现共赢|

文金融公司（Ocwen Financial Corporation）就在利用其客户的个人数据，包括账户余额、支付记录、信用记录及评级、网站使用情况以及从业信息，等等。这些数据可以用于日常的商务活动、企业自身的营销目的以及与其他金融机构的联合营销，等等。客户无法限制其个人数据被用于这些活动的共享，但是，客户可以限制公司共享的个人数据被其他公司（包括拥有共同所有权和控制权的奥克文从属公司与非从属公司）用于市场营销目的。

虽然做了这样的披露，但这些数据共享活动的透明度还是存在一定的问题。尽管这些公司都进行了告知，但是消费者能够知道自己与这些公司直接共享的数据能够被使用到什么程度吗？消费者知道这些数据还会共享给其他公司吗？

即使消费者知道机构数据的共享行为，他们或许也不能理解其数据被其他机构使用和分享的含义。这可能就需要培养消费者的"数据素养"。但是由多个机构来践行这样一个倡议的成本是高昂的，同时也没必要。所幸的是，正如前面所提到的，这项建议也已经被列入了提案。为了解决监管需求问题，数据收集中的透明度以及消费者培养的需求与控制信息共享的问题连接在了一起。如果消费者没有受到有关他们的数据如何被利用的培养，或者组织在其数据收集与共享实践活动中缺乏透明度，那关于是否要参与数据共享的讨论还将继续下去，并且问题仍然会悬而未决。

至于责任如何划分，谁来承担成本，以及培养消费者共享其个人数据会带来什么利弊，等等，也都将悬而未决。与之相关的问题是，怎样监管才合适呢？在美国总统科技顾问委员会2014年的一份报告中指出，在数据驱动型经济中政策需要聚焦的三个独特角色：即数据收集者、数据分析者以及已分析数据的最终用户。尽管委员会指出，监管可以覆盖"价值链"的每个环节，但还是建议"政策的注意力应该更多地聚焦在大数据的实际

第 8 章
对消费者数据的使用真的需要监管吗

应用环节，减少在数据收集和数据分析环节的监管力度"。可是，这能为消费者提供足够的保护吗？

消费者数据的成本

2006 年发生在美国退伍军人事务部的数据泄露事件，造成了 1 750 万退伍老兵的姓名、出生日期和身份证号信息被盗，预计造成的损失达 2 500 万美元到 3 000 万美元。退伍军人事务部所承担的费用包括通知受害人以及提供为期一年的信用监测服务等相关费用。2007 年，发生在折扣连锁巨头 T.J.Maxx 和 Marshalls（同属于一家母公司）的数据泄露事件，造成了 4 500 万张信用卡及借记卡号码被盗。尽管这次数据泄露的成本预计最高在 2 500 万美元，但实际上造成的损失有望超过 2.5 亿美元。索尼 PlayStation 网络数据泄露事件预计造成的相关损失高达 1.71 亿美元。

当客户个人资料被窃时，公司面临的相关成本会迅速飙升。这其中有与改善客户数据安全性相关的费用，也可能会有与向数据被盗客户提供一定时间段内的信用监测服务相关的费用。此外，遭遇数据泄露的公司可能还会面临这些客户的法律诉讼。

这其中还有一些中间费用是企业必须承担的。以塔吉特公司应对数据泄露事件为例。领导团队全面洗牌，任命了新的首席信息官，执行总裁引咎辞职。这个美国第二大零售巨头实施了一系列的"技术增强"，包括增强监测、限制供应商对其系统的登录以及新的客户账户安全机制，等等。塔吉特公司还向持卡人推出了信用卡和借记卡，成为美国首家应用芯片卡技术的零售商之一。而与更换芯片卡技术相关的费用预计就会达到 1 亿美元。

这些都是发生数据泄露的组织必须要承担的财务费用，尽管组织本身也是受害者。从短期和长期来看，沦为受害者的组织同样也面临着失信于

Profiting from the Data Economy:
Understanding the Roles of Consumers, Innovators, and
Regulators in a Data-Driven World

|大数据经济新常态：如何在数据生态圈中实现共赢|

消费者的问题。用美国金融投资网站 The Motley Fool 某撰稿人的话说就是，塔吉特公司的主要担忧之一是"消费者对该零售商品牌信心的潜在丧失，尤其是随着接连不断的各种诉讼和调查的启动。"对于一个品牌来讲，诚信的丧失可造成该品牌的客户忠诚度及客户购买量的下降。最终将会侵蚀该品牌的市场占有率和盈利能力。

虽然像刚刚提到的这些占据媒体头条的大规模数据泄露事件并不经常发生，但一旦发生就会带来重大损失。企业必须应对与数据泄露相关的财务影响。消费者也必须处理包括对其信用卡账户潜在的诈骗损失和身份信息被盗的后果。

从消费者的角度来看，你可能会问，与拥有一张从零售商信用卡相关的好处和成本相比，是否值得。从积极的一面看，信用卡确实带来了财务上的好处，同时非常方便。消费者需要承担的成本就是在申领零售商信用卡时，允许自己的数据被零售商收集并与其他公司共享。但是，随着这些数据泄露事件的披露，零售商或任何遭遇数据泄露的组织或许也会成为数据泄露的受害者，同时也将给消费者带来极大的不便。将自己的个人数据交出去来换取相应的好处是否划算，完全取决于消费者本身。

但是机构呢？他们从消费者手中收集个人数据划得来吗？要解决这一问题的方法之一就是，看一看与所收集数据的相关利润和成本。为了从消费者个人资料收集中获得利润，组织对于这些数据如何使用必须要有策略方面的思路。这可能还会涉及到将这些数据共享给其他机构时如何收费的问题。另外，消费者的个人资料也可能会在机构内部使用。无论这些数据是用于内部还是外部，都是可以产生利润的。这些数据可以用于市场营销中改善消费者定位，提升在售产品的分类能力，或其他可能用来增加收入、削减成本的流程改进。无论任何策略，你都应该标识出与利用个人资料相关的增量利润。

第 8 章
对消费者数据的使用真的需要监管吗

现在我们再来看一下，收集这些用户数据会产生哪些成本呢？要利用这些收集来的个人资料，一些成本是可以很容易被预测到的。不论这些成本是分配给 IT 部门还是营销部门，都需要训练有素的人员将原始的消费者数据转换成为可用于改善业务的可执行性决策意见。还有可能会产生与数据收集、存储和使用相关的其他技术成本。这些都是可预见的成本。不可预见的成本包括由于数据保护失败而导致的组织和消费者双方极大的损失的相关成本。

机构收集数据时所面临的风险在一定程度上取决于被收集数据的特性。比如身份证号，这在我们之前所说的数据泄露事件中时常提及。身份证号可以用来以你的名字开立银行账户、申领信用卡，也可以用来租房或是找工作。这样的信息都属于敏感信息，但是对于某些机构来说，收集这些信息又是必要的，比如金融机构。

将信用卡和储蓄卡信息泄露给他人，有可能会导致持卡人未授权的开支。不过，消费者可能承担的成本还是有一定限度的。例如，根据《电子资金划拨法》(the Electronic Fund Transfer Act)，如果发生未授权的消费或 ATM 机取款，在收到结算单的 60 天内进行报告，消费者只需承担不超过 500 美元的责任。与此类似的，还有《公平信用卡账单法》(the Fair Credit Billing Act) 对未授权的信用卡交易责任进行限定。这种损失虽然肯定还达不到理想状态，但与身份信息被盗所带来的不便相比已经相当小了。

客户的历史交易记录和联系人信息，像通信地址和电话号码等，对于市场营销的运作是至关重要的。因为就消费者所面临的风险而言，这类数据不像身份证号或信用卡信息那样敏感，与收集和存储这类数据相关的风险明显要低得多。

对于每种类型的数据，我们都可以问自己一个问题，那就是组织用这些数据来干什么。以政治竞选为例。数据提供商亚里士多德公司(Aristotle)

Profiting from the Data Economy:
Understanding the Roles of Consumers, Innovators, and
Regulators in a Data-Driven World

|大数据经济新常态：如何在数据生态圈中实现共赢|

通过多种来源收集数据，包括信用卡购买记录和公共记录如投票历史记录，等等。该公司的首席执行官对《快公司》（*Fast Company*）杂志说，亚里士多德公司"收集了大约500种选民特性，比如慈善事业兴趣度、教育水平、有房还是租房、预计收入、子女情况，等等"。为什么要这样做呢？因为这样做，竞选管理团队就可以判断哪些选民应该是他们重点努力的对象，通过哪种媒体进行竞选宣传可能会最有影响力。那么是否需要类似身份证号或银行账号之类更敏感的个人数据，能够让亚里士多德公司为其客户提供附加的决策意见呢？如果答案是否定的，那就不需要收集此类数据。

电信服务提供商的情况又是怎样的呢？客户记录包括客户服务和通话记录，都是业务运营必需的数据。为用户提供每月自动从其银行账户或信用卡扣款的选项，为客户带来了很大的方便，许多客户都选择了此项功能。然而，要保管好客户的财务数据，电信服务提供商就会在确保安全存储此类数据方面产生成本。而推动用户使用"自动充值"功能又有可能会降低业务运营成本。使用自动划账支付充值的客户，与那些每月查看账单手动充值缴费的客户相比，可能不大会倾向于更换电信服务提供商，从而不仅降低了客户流失率，也会使电信服务提供商受益。

我们可以通过从降低客户流失率增加的收入中所产生的增量利润和减少的收费成本，来评估与拥有个人信用卡信息相关的收益。将整个客户群体按照这个增量利润制成表，电信服务提供商就可以据此来衡量应该在存储和保全此类数据上投入的多寡。这种分析有可能会导致电信服务提供商发现，为客户提供缴费办理服务要比拥有客户的这些数据本身更有效率。

通过分析，我们发现企业获取的个人数据可以转换为增量利润。现在，我们再次站在有利的角度来看，客户不仅仅是企业的收入来源，而且还是企业商业智能的数据来源。拥有消费者数据如何使用的具体策略将是宝贵

第8章
对消费者数据的使用真的需要监管吗

资产。而那些只对客户数据进行简单存储而对这些数据如何使用缺乏远见的组织，就是在他们的资产负债表中堆叠潜在的负债。

大数据驱动的消费者歧视

互联网提供的开放性使得数据空前泛滥，让研究人员不堪重负。用户生成的内容给生活带来了很大的方便，社区论坛、产品评论以及消费者为他人消费所创建的博客，等等。不幸的是，因为任何技术都在进步，而在其投入使用后，往往会偏离该技术发明的初衷。

根据美国国家科学基金会报道，恐怖分子和极端分子通过使用互联网"招募新成员，在全世界范围内开展宣传和攻击计划"。先进的分析方法就用来应对这一问题。所用工具包括通过内容分析识别出可能由同一个人生成的文档，即使这些文档是通过匿名方式在线发布的。文本分析一直以来都被用于识别相似的作者，包括一些《联邦者》(*Federalist*)论文的作者识别，以及用于调查J.K.罗琳曾使用化名写的一本悬疑小说。然而，互联网提供了一个庞大的文档语料库，让这些技术可以大显身手。

制止恐怖主义似乎是分析工具很好的一种应用，但是同样的技术也可以用于对许多消费者不利的方面。以美国的《平价医保法》(*the Affordable Care Act*)为例，该法案就禁止基于既有健康状况和性别的歧视。虽然我们可以就这一点在经济学方面进行讨论，但我们还是要先接受这方面的法律法规。保险公司不会为患有哮喘或其他已知疾病的人承保，这和不会为健康状况不明的人承保别无二致，但保险公司也不会就基于消费者其他方面的数据对承保范围和价格做任何说明。为确保下一年度保费的适当设置，保险公司会向新投保者收集健康状况、处方和个人习惯等方面的信息。消费者数据当然就可以在这里使用，如新投保者经常访问的网站或他们经常购买的产品分类。

Profiting from the Data Economy:
Understanding the Roles of Consumers, Innovators, and
Regulators in a Data-Driven World

|大数据经济新常态：如何在数据生态圈中实现共赢|

虽然《平价医保法》明确规定了不得基于已有健康状况和性别的歧视，但它却没有提到可用于做出决定的其他数据源。例如，消费者的信用评级可以作为信誉的衡量标准，也可以用于考量其财务稳定性。而这个财务稳定性的衡量工具又和交通事故有关联。该研究的作者所提供的这一逻辑并不一定表明，具有良好的信用评级和你是一名好的驾驶员之间有一定因果关系。但在一定程度上，又有着强烈的关联性：那些具有良好信用评级的人大都财务状况稳定，不太可能会做出与造成交通事故相关的高危险行为。基于这一推理，我们不难相信，消费者数据的数字踪迹也可以展现消费者健康状况的关系。尽管消费者健康状况本身不能作为拒绝服务或增加保费的依据，但是保险公司能否利用提供相同信息的其他不同方面的消费者数据作为提高保费的依据呢？

类似的做法还可用于针对性广告和促销活动。民权组织批评市场营销服务提供商创建的用户资料库中有以"少数民族二等市民奋斗者"、"不动窝的本地土著"之类命名的消费者群体细分描述，认为如此分类可能会产生针对这些消费者群体有着不利影响的金融产品的市场营销活动。如果个人被错误地划分到这些群体，因为市场营销活动是针对这些群体的，他们可能就会无法了解到原本符合其条件并有着有利条款的金融产品。

许多领先的民权组织包括美国公民自由联盟、民权与人权领导大会、全美有色人种协进会以及全美拉丁族裔委员会等都给出大数据时代的民权原则。此外，为了主张维护宪法原则，这些组织还提出了需要加强个人对个人数据的控制，并保护个人免受可能由不准确数据带来的困扰。通过提高消费者的数据素养，增强消费者所生成数据以及这些数据如何被组织使用的透明度，是符合这些原则的。

尽管数据收集和数据分析为组织提供了改善运营的能力，但在市场营销活动实践中难免会有一两点有悖于民权组织的诉求。这些民权组织呼吁

第8章
对消费者数据的使用真的需要监管吗

停止高科技用户数据分析活动,他们是这样说的:

> 新的监控工具和数据收集技术可以将任何人、任何组织的详细信息进行重组,从而造成了用户资料的高度风险和歧视。对这些监控工具和数据收集技术进行明确的限制并强化审计机制,对于确保其正当、公平的使用是非常必要的。

这些民权组织还呼吁自动化系统决策的公平环境,他们说:

> 就业、医疗、教育以及信贷等领域的电脑自动化决策必须要以对真实人群的影响力进行判断,必须保证对所有群体的公平运作,特别是必须保护弱势群体或历史上遭受歧视的群体的利益。系统在面对此类群体时,对于先前已经存在的差距常常视若无睹,很容易达成加剧现有不平等的决策。要确保系统运作的公平性,独立的审查和其他补救办法或许是有必要的。

正如波德斯塔指出的那样,我们生活在一个"数据收集近乎无处不在"的世界里。家用电器制造商现在都开始提供"智能"设备,包括智能电视、智能冰箱乃至智能洗衣机。你可以通过台式机和移动设备加入对其进行在线操纵的功能。还有汽车也在进行数据收集活动。别忘了,在没有这些设备之前,数据经纪公司就已经对数据收集业务轻车熟路了。通过数据可以被收集这一攻击性手段,让组织可以更精准地针对个人进行定向营销活动。

公众认同市场细分吗

市场营销课程的核心内容之一就是 STP 框架,即市场细分(Segmentation)、目标市场选择(Targeting)和市场定位(Positioning)。市场营销专注于将客户群细分成更同质化的群体,这样市场营销人员就可以对这些群体进行目标市场选择,并基于所选择的目标市场对产品进行恰当的定位。大

Profiting from the Data Economy:
Understanding the Roles of Consumers, Innovators, and
Regulators in a Data-Driven World

|大数据经济新常态：如何在数据生态圈中实现共赢|

数据的发展让市场细分和目标市场选择变得更加精细化。但毫无疑问，这一切都是建立在用户数据分析基础上的。随着用户资料的不断扩展，组织该如何实现经济收益呢？要通过自动化决策将资源部署到那些预期能够产生最大影响的细分群体。通过这种方式，就可以将有限的可用资源从那些预期产生最小影响的细分群体中转移出来。

数据收集和使用中的透明度不仅为公民权利保护提供了途径，与此同时，还为提高组织效率提供了方法。用于分类的算法在这里并不是问题之所在。用于对资源进行更有效部署的决策支持系统，同样也不是问题之所在。

社会所面临的风险并不能从自动化市场营销计划的结果中分辨出来。仅仅因为两个群体的人口组成、拥有的偏好或信仰不同，并不意味着这两个群体就是由这些独立的因素之一所组成的。尽管以种族、信仰或是性别划分的不同消费者细分群体可能会存在于各种各样的个人之中，但这并不足以告诉我们这些数据碎片可以被用于创建不同消费者群体的基础。要得出这些数据，需要能够产生这些细分群体的算法相关的知识。

即使我们知道细分基础，这本身可能也是不够的。回到《平价医保法》的例子，假设并不禁止数据源之间的关系作为保费差异的基础，比如一个人的在线搜索历史和已经确认的健康状况。那么在制定保费时，这一可选数据源就可以作为支持，做出拒绝投保或提高保费决定的既有条件。用来做出业务决策的算法就不存在基于既有条件歧视的问题。而且，算法的输入是不包含既有条件的。

现在我们明白法律的关注点了吗？看来我们还是要遵守法律的相关规定。不过，就该法律的精神而言，我们所做的决定似乎是有问题的。虽然数据收集和如何使用的透明度会让我们确定那些可以推动商业或公共政策决策的因素，但是将这些因素作为决策基础的问题依然存在。看来仅仅规

第 8 章
对消费者数据的使用真的需要监管吗

范使用什么样的数据作为消费者定位和定价之类的营销决策的依据是不够的。相反地，如果关注的是维护公民权利，使用某些数据可能就需要以透明度作为依据了。

我们在讨论使用或者不使用消费者数据的潜在影响时，同样也要考虑构成争论的另一面。那就是，故意不利用可用的消费者数据会产生什么样的影响？要是大学不能降低学费，并且无论学生的家庭财务状如何，都声称必须对所有学生收取同样的费用，那会怎么样呢？那学费可能就会介于标价和接受财政补贴的平均价格之间。虽然这个新的价格点可以给大学带来必要的运营收入，那对谁有好处呢？对于那些能够支付得起高昂学费的人来讲，实行这样的政策不需要征求他们的意见，因为这样政策对他们有利。然而，对于那些没有能力支付得起新学费的人来讲，就只好被迫去其他的地方上学了。总的来说，似乎我们最好还是得有一个允许价格歧视的系统。

那如果不管过去曾申请过的保险理赔情况如何，向每位车主都收取相同的机动车辆险呢？那对于经常发生交通事故的车主来说，这想必就是极好的，但是对于从未发生过交通事故的车主来说，这钱出得就有点冤了。如果保险理赔数据作为保险定价政策的基础，那些在交通事故上劣迹斑斑的车主恐怕就要支付更高的保费，因为他们对于保险公司来说，比那些从未发生过交通违章和事故的车主有着更大的风险。禁止保险公司以已有数据为基础向不同的个人收取不同的费用，将会导致谨慎的车主被迫承担额外的成本。

虽然这和医疗保险及人寿保险行业并不完全类似，但经济就是这样运作的。一些人确实比其他消费者更容易造成较高的医疗保险费用。根据保险公司收集到的数据，如个人倾向从事类似于高空跳伞和定点跳伞之类的高风险娱乐活动，基于可能将会支付的理赔金，就会收取更高的寿险保费。

虽然有些因素在我们的控制范围之内，但还是有一些其他因素如家族病史是我们无法控制的。禁止人寿保险公司基于此类信息的定价，将导致那些有着高危死亡家族病史的家庭支付比当前所支付的保费更低的费用，而那些低死亡率家庭将需要支付更多的费用。

虽然禁止使用消费者数据对商品和服务进行差异性定价会让一些消费者受益，却不能让每一个人都能受益。从组织的角度来看，市场细分和选择目标市场是降低成本和提升效率的可靠手段。但是从社会的角度来看，这种做法是否适用，还有待商榷。归根结底，决定如何规范由数据收集、数据分析和数据应用所构成的这一实践事务链条，将完全取决于政策制定者。无论他们做出怎样的决策，总会有一些人受益，同时也将有一些人承担额外的成本——这只不过是如何将成本和收益在整个人群中进行分配的问题。这样的问题最好还是由政策制定者进行解决，而不是由以股东利益最大化为目标的企业或肩负特定使命的机构来解决的。

能否通过"数据价值链"来保护消费者

详细的消费者数据可用性为组织完善市场营销实践提供了巨大的机会。与此同时，将这些实践活动应用于消费者可能会带来意想不到的影响，从而引发了人们的担忧，引入了是否需要加强监管的问题。

1. 与其他行业相比，在消费者歧视方面，医疗保险和金融服务提供商已经面临着更多的监管。你觉得是否还有其他行业也应该限定其对于消费者的歧视吗？

2. 根据美国总统科技顾问委员会的意见，政策制定者应该更关注消费者所生成数据的最终使用，而不是这些数据的收集和分析。那么需要采取哪些必要的安保措施，以确保从消费者那里收集来的数据只以消费者同意

第8章
对消费者数据的使用真的需要监管吗

的方式使用呢?

3. 如果监管专注于消费者所生成数据产生的决策建议的使用,这是否能为消费者提供足够的保护呢?

Profiting from the Data Economy:
Understanding the Roles of Consumers, Innovators, and Regulators in a Data-Driven World

第 **9** 章 | 数据资源的竞争

Profiting from the Data Economy:
Understanding the Roles of Consumers, Innovators, and
Regulators in a Data-Driven World

|大数据经济新常态：如何在数据生态圈中实现共赢|

虽然市场营销正在快速地发展为由数据来驱动最终的决策，但并不是所有的组织都是采用相同的方法来获取消费者数据的。更确切地说，组织用来收集原始材料并最终提炼成为决策的方法是有根本区别的。这些区别不仅仅反映在数据收集的方法上，而且不可避免地与数据使用的透明度相关联。

想要数据？拿钱来

一般来讲，我们目前所讨论的组织收集消费者数据的案例分为两种常见的类型。一种类型，就是直接对提供数据的消费者进行补贴。我们之前所讨论的一些案例就属于这种类型，比如美国AT&T公司为了能够追踪用户行为数据推出的上网打折套餐等，但这早就不是什么新鲜事了。进行市场营销研究的公司通过调研和其他技术从消费者手中获取数据。这些工具用于对消费者满意度进行评定，对新产品成功可能性进行评估，以及对市场营销信息进行探测。通常情况下，对于获取这些数据的补偿取决于完成调查时间的长短。除了接受现金回馈，参与调查的人员可能还会接受免费的产品或者参与抽奖活动。尽管调查时都说，为了弥补你的时间云云，但那点时间又能做什么呢？将特定的问题反馈提供给组织，接下来组织就可以对所有参与者进行整合。将调查结果与其他信息结合起来，比如人口统计数据以及之前对参调人群进行筛选和分类的问题反馈，组织就可以使用

第9章
数据资源的竞争

让消费者产生共鸣的更好理念来设计市场营销信息、产品和服务。

如果你觉得这些调查就像是今天在互联网营销领域所做的营销调查一样，那你就错了。某零售商最近测试了一种新的方法，实践证明，这是一种经得起考验的品牌跟踪研究方法。该零售商使用谷歌消费者调查发现，只需很少的费用就可以获得自身品牌的表现情况。在用户可参与的站点上，随处可见谷歌消费者调查。受访者只需回答少量的一些问题，就可以获得高级内容的访问权限。那么网站所有者为什么要选择这样做呢？因为只要有人在他们的网站填写问卷，他们就能获得收益。让我们来看一个使用消费者数据换取内容访问权限的案例——谷歌将短期调查问卷的答复与人口统计学信息相结合进行推论。

谷歌消费者调查提供了一种评估消费者认知的方法，线上固定样本调查提供了收集这种见解的另一种手段。英国民调机构舆观（YouGov）就是以这种方式进行运作的一家公司，该公司将自己描述为"使用开创性技术为企业、政府和机构收集优质和深度数据，以便让其更好地为公众服务的一家专业研究和咨询机构"。舆观收集此类数据的方法之一就是固定样本调查。参与者每完成一次调查，他们都可以得到积分，这些积分后续能够兑换成电影票和贺卡等，同时还可以参与抽奖活动。消费者数据再一次被机构通过数据补偿的形式所购买。

调查并不是"花钱买数据"模式下获取消费者数据的唯一手段。多年来我们都依赖"花钱买数据"模式来了解家庭消费行为。全球著名的市场调研公司尼尔森所做的电视收视率研究报告是电视广告定价的基础，通过为参加调查的固定样本人群提供其所观看电视节目的信息作为补偿。尼尔森还有这样一个消费者固定样本，他们使用条形码扫描器录入其购买的日常用品，并随后分享这些数据来换取报酬。与此类似的是，世界知名收视率调查公司阿比创（现已被尼尔森收购并更名为Audio）就为愿意使用便携式人员测量仪来识别其所消费媒体的用户提供补偿。

市场营销调查机构都是通过简单的经济交换模式进行运作的。调查机构的客户对基于消费者行为的分析报告非常感兴趣。为了能让消费者来提供必需的反馈以生成这些分析报告，不论数据是通过调查还是通过电子设备的手段进行收集的，受访者都能得到一定的补偿。正如我们之前所讨论过的那样，尽管市场营销调查机构都依赖为受访者提供经济补偿的模式，但这并不是消费者通过其个人数据获得补偿的唯一方法。

用产品和服务换取消费者数据

尽管我们已经注意到，在大量的案例中，企业都在使用消费者所生成的数据，但这些公司中许多都是在消费者同意接受相关回报的情况下才这样做的。想通过一个直观的方法来筛选各大网站的任何话题吗？于是你上网搜索，你的兴趣记录就会提供给你所选择的搜索引擎，搜索引擎就可以利用这些信息向你推送定向广告。想要免费的电子邮件服务吗？这种相同的交换方式同样适用。想和与自己有类似兴趣的人建立联系，或关注那些持有你感兴趣观点的人吗？社交网络免费为你提供了这样的平台，只要你愿意允许平台让使用相同平台的广告主与你亲密接触，来弥补平台服务的开发和维护的费用，他们就不会向你收取一分钱。想知道其他的消费者如何评价你所在区域的餐馆、你想购买的产品或你想去看的电影吗？虽然你可以阅读这些所有的点评信息，但你所访问的点评网站也需要你的点评信息为其他消费者提供建议。这些企业仍然是在"花钱买数据"的模式下进行运营的，唯一不同的就是，他们是通过提供服务来换取数据的。和参与调查一样，如果你觉得所得到的服务不足以保证你向服务提供商提供数据的相关权利，那么你就没有义务提供你的数据。

假如这些服务的使用者知道他们所提供的数据是如何被使用的，那为

第 9 章
数据资源的竞争

什么关于消费者隐私和数据透明度的话题还一直争论不休呢？因为并不是所有的消费者数据都是通过正当的"花钱买数据"的模式进行收集的。想一想第三方公司允许网站访问者使用 Facebook 登录授权来创建账户的情况。对于消费者来说，授权使用其 Facebook 账户的动机是当他们登录这些网站时无需创建新的账户，只需使用现有的 Facebook 授权就可以访问其他网站上的内容。

虽然这看起来似乎无关紧要，但你知道你和这些公司共享了什么信息吗？如果可口可乐公司推出的"我的可口"活动，会员想要使用他们的 Facebook 账户进行登录，那包含用户公开资料以及好友列表、邮件地址和生日在内的信息都会被 Facebook 所共享。虽然这样的共享透露出保护隐私的困难性，但随着好友列表被很容易地共享出去，剩下的其他信息也就和个人关系不大了。然而，要是使用你的 Facebook 账户登录美国当今最具影响力的新闻博客网站《赫芬顿邮报》(*The Huffington Post*)，你就会发现，这样做会允许该网站访问你在 Facebook 上分享的更多的信息。除了你的好友列表和生日，《赫芬顿邮报》网站还会访问你的消息流、兴趣爱好、当前城市、个人描述、点"赞"记录等信息。使用 Facebook 账户登录美国最大点评网站 Yelp，你就给了该公司访问你的签到信息、当前城市以用你的好友的签到信息的权利。请愿网站 Change.org 在获取的信息方面更加具体，当你使用 Facebook 账户登录时，该网站能获得你的宗教信仰和政治见解。

尽管 Facebook 的隐私设置一直在不断改进和发展，但第一版和第二版的开发者最佳实践文档都声称仅在必要的时候请求访问用户数据。在修订版的最佳实践文档中，Facebook 鼓励开发者明确无误地告诉用户为什么要访问不同的数据。在 2014 年 4 月的修订中，Facebook 为用户提供了分享个人数据时的更多控制和更高透明度。为什么要这样做呢？因为当今用户在 Facebook 所使用的服务，是以用户存放在平台上的数据为基础的广告服务所换取的。我们在使用谷歌产品时也在进行类似的交换活动。

尽管我们对于这些交换条款可能并没有什么意见，我们还是为了访问服务将数据提供给了特定的机构。但当用户将数据提交给 Facebook 时，用户是否愿意也将这些数据提交给其他公司呢？恐怕不会。除了能够简化注册登录流程，这些公司能够为用户提供什么好处来交换用户在 Facebook 上的用户资料、好友列表以及个人兴趣爱好呢？比如，在线视频网站葫芦网（Hulu）就建议用户使用 Facebook 账户进行登录。用户一旦选择这样做，葫芦网就可以获取到用户的好友列表和点"赞"记录。葫芦网会告知用户将会使用用户与好友所分享的内容信息，查看好友分享的视频，并改善推荐功能。考虑到视频节目收看情况的社会特性，对于用户来说提供这样的互联功能或许也是情理之中的事。但是，这种选择还是应该由用户自己来做出决定。

通过日益增加的透明度，Facebook 同时也在实现对自身和用户的保护。通过敦促使用认证系统的开发者告知消费者使用其访问的信息将会做些什么，Facebook 让消费者可以就分享其个人信息做出明确的决定。通过这样做，减少了消费者由于第三方对消费者数据的不透明使用而导致的对于放心分享数据有所保留的机会。

公司为消费者数据所付出的，无论是金钱、奖品，还是产品和服务，都让消费者明确知道自己的数据可以换来什么。虽然消费者可能并不完全同意这些交换条款，但选择权在消费者自己手里。而正是这一特别的选择，展现出了"花钱买数据"模式和存在于另一个极端的"数据全免费"模式之间的根本差别。

"数据全免费"获取模式

像安客诚、Datalogix 以及 Corelogic 这样的数据经纪公司就提供了"数

第9章
数据资源的竞争

据全免费"模式来获取数据的最典型案例。数据经纪公司行业是《2014年5月联邦贸易委员会报告》呼吁提高责任和透明度的焦点。与消费者直接向不同公司提供其数据的"花钱买数据"模式明显不同的是,数据经纪公司不会为消费者数据向消费者支付一分钱。一般情况下,消费者对于他们的数据被数据经纪公司收集的事情了解有限。因此,除了一些数据经纪公司允许消费者自行选择不把其个人信息分享给他们外,消费者要想维护自己的个人数据隐私就需要联系这些公司。对此,大多数消费者都毫无头绪。

正如前面所提到的那样,数据经纪公司和运营在"数据全免费"模式下的其他公司基本上都在汲取消费者通过其数据生成活动所形成的数据。像财产所有权、车辆注册信息以及选民投票记录这样的公众记录都可以与购买信息、产品注册信息以及订购信息等结合起来,再加上在线活动数据,一幅清晰的消费者形象就能够慢慢呈现。这样的消费者形象是完全与个人零接触就可以得到的结果。

数据整合以及后续的分析过程可以由任何机构承担,从而产生决策建议。无论是像塔吉特这样线上线下相结合的零售商,还是像亚马逊这样纯网络运营的零售商,都可以通过你在店内的购买行为推断出你的喜好。结合其他人的购买行为,零售商就可以向你推荐你可能会感兴趣的商品。像Pinterest、Facebook和Twitter这样的社交网络同样也可以通过分析你的联系人信息、创建的内容以及内容消费模式来做同样的事情。一旦一个人的用户资料得到完善,那么就可以识别出与他相似的人,并呈现相关的内容。谷歌可能会横向查看不同的属性,与我们的电子邮件、所观看的视频以及所搜索的关键词相结合,随后在其产品中呈现查询的结果。

在所有的这些案例中,关于机构如何运行有两个方面值得注意:首先,消费者与收集数据信息的机构互动;其次,数据收集和分析所产生的决策建议局限于单独的组织。那么数据经纪公司呢？在数据经纪公司收集数据的过程，消费者不需要与他们互动。另外，数据经纪公司也不是这些数据的最终使用者。更确切地说，他们只是为最终用户进行数据打包的中间人。

在《2014年5月联邦贸易委员会报告》中，联邦贸易委员会提出了四项用于数据经纪公司开展市场营销服务的立法建议：第一，消费者应该有权访问数据经纪公司所收集的信息，并有权选择将自己所分享的信息剥离出来；第二，应该要求数据经纪公司披露他们从原始数据中得到的并随后可能会用于市场营销目的的推论；第三，数据经纪人应该披露个人资料的来源，以便消费者可以更正信息中可能存在的错误；第四，应该要求与数据经纪公司共享数据的机构通过明显的形式将共享行为知会消费者，并且消费者应当有权选择不参与这样的共享。

总而言之，联邦贸易委员报告建议改善数据收集活动和使用中的透明度，为消费者提供更多的控制权。虽然报告着重于数据经纪公司，但应该适用于任何收集消费者数据并对其加以利用的相关机构。毕竟，数据经纪公司不是共享消费者数据的唯一机构。服务提供商和零售商经常这样做，允许那些提供营销服务的公司在公共记录中可用的信息之外，丰富其消费者资料。

没必要戴着有色眼镜看待这些针对市场营销的数据收集、共享和使用。对于这样的公司如何运作，缺少认识可能会加剧在消费者心中的担忧。无论机构是在"数据全免费"模式下运作，还是在"花钱买数据"模式下运作，增加透明度和消费者控制权方面的原则可能有助于减轻这样的担忧。虽然对于"花钱买数据"模式中的消费者有着固有的控制权，因为消费者完全可以选择不参加，但在"数据全免费"模式下运作的组织同样也可以从消费者的权力中受益。

第 9 章
数据资源的竞争

授权并知会消费者

各公司已经开始向给消费者授权的方向转变。他们都开始摒弃简单地让消费者决定参与或是不参与数据分享。取而代之的,开始为消费者提供对其所分享数据更多的掌控余地。比如,允许用户使用其 Facebook 授权登录的开发者,可以为用户提供选项,让他们决定将要分享哪些数据,包括电子邮件地址、点"赞"记录、好友列表以及他们所关注的事件,等等。

因为 Facebook 授权登录被许多的网站和开发者所使用,这不仅允许消费者有权决定他们将要分享哪些个人数据,而且还允许消费者有权决定将与谁分享这些个人数据。后一种形式的控制权由其他公司提供,例如,允许消费者限制其数据与其他机构共享程度的金融机构。例如,发行发现卡的发现银行,允许消费者有权限制银行为了成员单位的日常运营目的向其分享与消费者信用评级相关的信息。

向消费者提供对于其个人数据使用的控制权的同时,也允许消费者决定其数据将如何被使用。在亚马逊网站上,客户可以限制个人信息用于广告目的。金融服务提供商允许消费者限制其个人信息在银行成员单位和非成员单位以市场营销为目的的使用。电信服务提供商康卡斯特(Comcast)内部有一个"不打电话"和"不发邮件"列表,用户可以请求将自己放入列表,同时,还允许用户限制提供商以"邮件列表"为目的的使用其个人可识别信息。

当然,提供给消费者更精细化控制的好处之一就是日益增加的透明度。除了解决了这个问题,引起了政府人士和潜在监管机构的持续关注,也有利于改善与消费者之间的关系。那么组织最初为什么想要这些数据?对于那些收集消费者数据以改善其运营、实现更好用户体验的组织来说,揭开掩盖其目的的面纱可以减轻消费者关于分享其数据的担忧。这对于消费者来说,应该很容易接受。

Profiting from the Data Economy:
Understanding the Roles of Consumers, Innovators, and
Regulators in a Data-Driven World

|大数据经济新常态：如何在数据生态圈中实现共赢|

组织收集消费者数据是为了编撰分析，还是将其打包共享给其他组织，这完全是不同的概念。从消费者的角度来看，一个合理的问题就是，消费者允许其数据以这种方式使用的目的是什么？如果问题的答案是消费者不能从中受益，那对于消费者来说，就缺少允许其个人数据以这种方式使用的动机。给消费者提供可以不参与这种数据分享的选项，如果这样做的流程为消费者所熟知，并且完成这样的选项对于消费者来说足够简单，那些认为他们的隐私比花时间完成这样的退出分享流程更有价值的人可能就会这样做。

根据联邦贸易委员会对数据经纪公司调查报告中的第一点和第四点，呼吁增加透明度可能会让这些组织以市场营销为目的的数据收集和分享变得更加困难。然而，假定在从事个人数据共享的组织和产生这些数据的消费者之间有一定的经济交换呢？

我们首先以与消费者直接互动的组织为例。零售商、服务提供商、在线门户、慈善机构以及政治竞选运动都是在其日常业务的运行过程中从消费者手中收集信息的。与收集这些信息相关的成本已经在不断产生。通过与数据整合者或其他机构分享这些信息，组织可能会获得之前没有的信息访问权限，或者获得增收。比如银行就发现零售商愿意付钱来识别可能会对其提供的产品作出回应的消费者。零售商只需利用消费者的消费模式——这种掌握在银行手里的宝贵数据，足不出户就可以获得客户。虽然有些消费者可能会欢迎没有额外奖励的针对性产品，但如果银行想从利用消费者数据中获得收入流的话，那么这些收入流的一部分将会用于激励消费者的参与。而且就像银行能够利用他们收集的消费者数据一样，其他组织也将持有的数据看作是潜在的升值资产。

那么不直接与消费者互动的数据整合者又是什么情况呢？根据联邦贸易委员会的报告，数据经纪公司所整理的消费者数据是"从零售商和黄页

第 9 章
数据资源的竞争

公司购买的特定事务的详细数据"。如果零售商和黄页公司通过向数据整合者出售他们从消费者手中收集的数据来获利的话,那对于这些企业来说,确保获得消费者许可并为消费者提供相应的激励来鼓励他们参与数据分享就是理所当然的事了。以物质奖励刺激消费者向公司分享其数据的成本,可以在随后的与数据整合者的来往中得到弥补。

除了解决增加透明度的呼吁,与消费者建立一种获取和利用其个人数据的交换机制,可以减轻消费者对于隐私的担忧。那些非常看重自己隐私的消费者,可以不与任何第三方分享他们的数据,完全无视组织提供的补偿。但无论如何,为消费者提供更精细化的控制,还是会促使更多的消费者愿意交出自己个人数据的部分访问权限的。比如,消费者尽管并不愿意将自己在零售商处所生成的交易详细记录分享给其他的公司,但对于分享自己所购商品的品类、数量等信息可能就不会有所保留了。

根据与消费者互动的组织赋予消费者的控制权限程度,消费者就会发现将自己的个人数据分享给特定组织或特定类型的组织是有所限制的。尽管消费者可能会由于过度担忧垃圾邮件增多而不愿让其他的零售商访问自己的数据,但他们应该不会反对自己的数据分享给政治团体或慈善机构。那么提高消费者对其数据如何使用的控制权会不会产生相应的成本呢?实际上这是不可避免的。然而,从长远的角度看,在组织之间共享此类数据有可能会产生一定的价值,从而弥补这些成本。而且根据监管者最终达成的决定,这样的手段可能在获取消费者数据时是必要的。

问到消费者是否需要知道安客诚是什么样的机构时,安客诚执行总裁郝思可(Scott Howe)回答说:"我不知道。我今天早上刚从自动提款机里取了钱,但我并不知道提款机是谁造的。但那并不是说,我无法信任提款机,我就不去取钱了……我想人们是想多了,'难道这没给他们带来价值吗?'"如果消费者从分享数据中看到价值,他们会很乐意这样做的。通过为消费者提供价值，无论是以改善的产品、更好的客户服务，还是金钱上的激励，机构可以解决有关数据使用透明度所引发的担忧。此外，只要这种以价值换价值的交换达成一致，那些关于数据合理使用以及数据所有权的悬而未决的问题都将迎刃而解。

重塑媒体格局

要让消费者知道其数据的使用方式，准许他们决定愿意与谁分享、分享的尺度等，都需要相当大的投资。如果市场营销人员进行了这样的风险投资，那他们会得到什么呢？对数据进行投资可以为解决一系列市场营销问题打开大门。

假如我们有能力通过屏幕追踪消费者，消费者可以继续他们在办公室用手机进行的浏览进程，并在当天晚些时候在家中的电脑上完成在线订购。如果消费者愿意允许公司将他们的在线行为串联起来，广告主就可以更精准地向消费者推送消息。他们不仅会知道消费者之前在某台独立设备上进行操作的活动，而且那些活动历史也可以与同一个人在其他设备上之前的活动关联起来。那么，市场营销人员不仅可以根据他们对某个消费者的了解，而且可以根据他们对该消费者使用特定设备的了解进行定向营销。

尽管消费者受益于一体化的在线体验，广告主也受益于其消息潜在的高响应率。由美国在线进行的一项调查人们对未来消费类似媒体内容可能性的研究发现，多屏幕媒介消费会增加未来消费的相似度。如果广告主想判定不同媒介屏幕的相对重要性，唯一的方法就是追踪用户使用不同屏幕消费的媒体内容。像谷歌 Chrome 这样的浏览器就提供了这样的功能，并且谷歌关键词广告平台允许广告主查看用户使用不同设备带来的转化率。这样的信息就能为机构提供优化广告资源配置的能力。

然而，当我们在台式机、平板电脑和智能手机上消费媒体内容时，却

第9章
数据资源的竞争

忽略了对于许多消费者来说最大的屏幕——电视。随着越来越多的市场营销费用花在了数据营销上,不禁让人怀疑电视广告的重要性是否正在消逝。据全球媒体公司万事达卡公司总裁本·扬科夫斯基(Ben Jankowski)说,投放在网络视频的营销费用"完全超过了电视媒体"。据全球最大的品牌传播公司之一星传媒体集团首席执行官劳拉·戴斯蒙德(Laura Desmond)说:"这种资源的转换确实跟观众的转换息息相关,"他接着说道,"越来越多的人开始通过广播和电视之外的其他渠道打发时间。"

那么说,广播电视是不是就像我们以为的那样已经死了呢?还真不好说。那要是给那些愿意分享数据的消费者放权有用吗?当然有用了。我们已经从尼尔森和Twitter上看到了这方面的进展,将基于社交媒体会话对节目的评价作为传统电视评级的补充,或许还会另外生成一种观众参与度测量方法。然而,如果消费者的观看模式是已知的话,还是有很多事情可做的。比如,一些包含社交媒体互动的节目就可以让消费者更好地参与到节目中去。美国广播公司家庭频道播出的青春偶像剧《美少女的谎言》(*Pretty Little Liars*)就从在线节目中分得了一杯羹,CW电视台的宫廷爱情电视剧《风中的女王》(*Reign*)也在Twitter上掀起了剧中角色所用化妆产品的讨论。这样的讨论不仅能够促进观众的参与,而且能够作为广告收入的另一个途径,更像是植入式广告。

除了作为另一种广告机会,通过将收视行为与浏览和社交媒体活动进行连接,我们又能学到些什么呢?了解了观众最感兴趣的产品分类,就可以用来制定不同节目的广告决策。追踪观众关于电视节目的社交媒体对话,可以尽早知道哪些节目可能会受欢迎,以及这些狂热的追捧者会给广告主带来多大价值。虽然伴随着广告可以看到网站的流量猛增,但是又有多少看到广告的消费者会去购买呢?通过对同一个体从传统到数字媒体的追踪,广告在不同渠道中的影响就有迹可循。

Profiting from the Data Economy:
Understanding the Roles of Consumers, Innovators, and Regulators in a Data-Driven World

| 大数据经济新常态：如何在数据生态圈中实现共赢 |

媒体格局翻天覆地的变化背后的原因是什么呢？不需要消费者主动参与以提供数据，大部分消费者数据都是可以被动收集的。Facebook 引入了"声音识别功能，可以在用户更新状态时自动为音乐、电视或电影打上标签"。有了 Facebook 的这一新功能，市场营销人员就可以利用媒体曝光和社交媒体平台动向将多个平台连接起来。将这种连接发扬光大的是"电视商务"活动。媒介递送代理公司（Delivery Agent）与服装零售商 H&M 合作，让收看足球明星贝克汉姆代言的美国橄榄球联盟年度冠军赛超级碗广告的观众，点击遥控器按钮即可实现下单购买。与在市场上广撒网式营销相比，这种通过家庭将电视广告接触和购买连接起来的手段，让营销的可计量性上有了巨大的改善。同样的方法也可以用于驱动社交媒体活动，这些媒体活动为将电视观众转换为消费者提供了另一种机会。跨过多个屏幕将消费者体验捆绑在一起，市场营销人员就有可能从消费者自然参与的第二屏幕活动中获利。

像美国 AT&T 公司、威瑞森电信（Verizon）以及康卡斯特这样电信供应商在大数据经济中有着巨大的机会。通过连接消费者的触点，这些电信供应商可以了解到很多有关家庭和有潜力的个人的信息。用户通过他们的机顶盒调节电视节目以及嵌入的广告，通过他们的网关和调制解调器（俗称猫）上网浏览网站和进行在线交易。用户的位置是可知的，因为他们接收服务的地址就是用户的地址。至于美国 AT&T 公司和威瑞森电信，使用手机设备也可以知道用户的位置。理论上，他们就可以像与其他公司合作的市场营销调查公司一样，利用公司获得的这些数据提供相关服务。

虽然这不是电信巨头们的核心业务，但数字视频录像机制造商 TiVo 却意识到了其用户所产生的数据的价值，毅然决然地杀了进来。通过利用其用户设备的移动收看功能所生成的商业评级，然后由其旗下的分析公司 TRA 形成分析报告，公司就可以"直接将观众看到的信息和观众购买的商

第9章
数据资源的竞争

品连接起来"。实际上，该公司将 TiVo 用户生成的数据转化成了源源不断的收入。

那么是什么阻碍了电信供应商没有走相同的道路呢？部分原因可能是由于多种消费者数据混杂在一起所带来的挑战，尤其是当这些数据存放在不同的业务部门的情况下。然而，更大的问题可能是维护消费者隐私的重要性。并不是所有的消费者都会欢迎自己家中的行为被市场营销人员作为媒体消费清单来使用。然而，如果向那些愿意分享数据的消费者提出有足够吸引力的建议的话，就有可能给企业带来收入。鉴于有线电视服务的价格持续增长，据联邦贸易委员会最近的报告显示，有线电视服务的价格上涨率超过 2012 年通货膨胀率的四倍。而这种与消费者之间的交换就可以减轻消费者对该行业的一些不满，因为在 2014 美国消费者满意度指数中，有线电视业处于垫底的位置。

把消费者数据看作金融资产

市场营销调查基本上都认为，组织的客户基础可以看作是组织的金融资产。当客户产生收入时，由客户基础所产生的收入流总和可以看作是组织的资产。然而，这种将客户基础看作金融资产只是消费者所产生价值的一部分。企业除了能够通过订购和交易获得收入外，还有可能围绕消费者数据产生收入。也就是说，公司客户基础的部分价值应该考虑到企业能够通过收集、分析和可能分享消费者数据产生多少收入。

如果机构可以通过消费者数据开发收入流，那么又有多少这样的收入可以让渡给那些消费者呢？这将取决于组织感兴趣的消费者类型。消费者对于他们隐私的估值以及愿意与组织分享的数据类型千差万别。对于那些非常看重自己隐私的消费者来说，要让他们分享数据，组织就需要比那些不太看重自己隐私的消费者提供更多的激励。如果组织对于收集那些非常看重个人数据的消费者的数据感兴趣的话，就要准备更多的投入。

虽然个人对于其隐私的看重会导致组织获取数据的成本上升，但是组织可以收集的数据中只有极少数的人可以影响个人数据的价值。设想某服务提供商根据预算，识别出了对于提供商来说最重要的客户细分群体。公司对这些消费者通过服务提供商来增加消费抱有期望，准备投资以获取和分析该细分群体中的客户个人数据。然而，虽然这个群体中的客户对服务提供商而言可能是有吸引力的，但是服务提供商需要在他们身上花费多少才能让他们愿意分享自己的个人数据却是因人而异。有些人可能会想，服务提供商要每月花5美元来获取自己数据，而有些人可能会觉得自己的数据每月值10美元，还有些人可能觉得服务提供商能出2.5美元就不错了。如果这些客户在服务提供商看来有着相同的吸引力，并且在各方面都彼此相似，那么服务提供商选择从那些愿意接受最低报酬的消费者来收集数据也是合乎情理的。

尽管没有两个消费者是完全相同的，但从对组织有利的角度来看，这个相似程度可能就足以让这些消费者进行彼此替代。无论是根据地理位置、人口统计学元素，还是消费模式将消费者划归到一起，机构都无须收集某个细分群体中所有消费者的数据来了解该细分群体。因此，只要有足够多类似的、愿意接受较低报酬来交换自己数据的消费者，那所提供的补偿就会比该细分群体中很多人想要的要少。而且尽管接受较低报酬总比什么都没有强，但决定数据的交换是否值得还是取决于个人。

就一直在推动的关于消费者在其个人数据分享和使用中拥有更多控制权而言，政府在其中扮演的角色又意味着什么呢？从一直在尝试利用消费者数据的组织的角度来看，个人数据是有其经济价值的。尽管这些个人数据可能并不能够兑换为现金，但获取个人数据也是一种投资。而且，如果我们将个人数据看作是一种金融产品的话，那么政府在对其监管中的角

第 9 章
数据资源的竞争

色是否和金融交易的管理机构类似呢?

数据经济时代需要监管者吗

2000 年,英国议会颁布了《金融服务与市场法案》(the Financial Service and Markets Act 2000),建立了金融服务管理局。监管机构主要负责四项事务:1. 维护国家金融体系下的市场信心;2. 保护和加强金融体系稳定;3. 为消费者提供保护;4. 减少金融犯罪。

那么如果要对组织收集、分析和使用数据的方法进行治理,监管当局要做些什么呢?首先需要考虑的是维护市场信心和金融体系的稳定。那么对组织使用数据方法的披露是否会影响到消费者信心和全球经济呢?随着总统奥巴马在布鲁金斯研究所(Brookings Institute)就爱德华·斯诺登泄露政府监听计划以及已发布信息影响的讲话之后,经济学家卡梅伦·凯利(Cameron Kelly)就指出:"对美国政府、美国公司以及互联网监管模式信任度的影响已经远远超过情报活动本身所带来的影响。可以说是……遍地鸡毛。"《华尔街日报》指出,包括谷歌、Facebook、雅虎以及微软在内的这些公开上市的美国公司,"由于美国国家安全局可以强制这些公司进行合作,都在遭受着各种方式的消费者数据被美国政府监听的风险。"据估计,如果外国消费者决定使用非美国企业的云服务来存储数据的话,美国云计算行业大概要损失 350 亿美元,而全球经济影响可能会高达 1 800 亿美元。

需要从消费者个人数据如何使用来入手对其进行保护吗?或许还是需要的。组织可能会使用可用的消费者数据进行有针对性的市场营销活动。因为并不是所有的消费者都有机会接触到这些市场营销活动,因此监管机构可能有必要限制组织对不同消费者的歧视。因为他人所做的关于保护自己隐私的决定可能会影响到另外一些人保护自己隐私的决定,所以在隐私

Profiting from the Data Economy:
Understanding the Roles of Consumers, Innovators, and
Regulators in a Data-Driven World

| 大数据经济新常态：如何在数据生态圈中实现共赢 |

领域可能同样有必要对消费者进行保护。个人数据的可用性同样也可以为金融犯罪提供便利。那些遭遇了众所周知的数据泄露事件的公司，通常都是由于事务简化、费用缩减而让其提供身份保护的消费者成为受害者。毫无疑问，组织的数据收集活动增加了组织以及那些被收集了个人数据的消费者最终所面对的金融风险。

在美国，管理机构负责监督金融交易。根据这些机构的职能，是否要将对消费者数据的收集、分析和使用的监管纳入他们的职责范围内？美国证券交易委员会的宗旨是"保护投资者，维护公平、有序及高效的市场，并促进资本形成"。那谁是需要被保护的投资者呢？尽管我们习惯性地认为，投资者就是那些提供金融资源的人，但我们也应该把那些为企业提供数据的人当作是投资者。诚然，这些个人是企业产品和服务的消费者。然而，企业一直是在消费者数据的可用性基础上构建起来的，企业的活动也一直是在消费者数据基础上进行简化的。虽然消费者数据不具备与现金储备相同的灵活性，但它确实是企业受用的金融资产。并且，那些为机构提供可以对机构运营进行改进的个人数据的消费者，无论是来换取产品、服务还是现金，都需要得到保护，以确保他们的个人数据被正当使用。

你可以认为那些通过使其个人资料可用而对企业进行投资的人，与那些使用其金融资源对企业进行投资的人不同。虽然我们讨论了消费者个人数据的金融价值，但这样的投资是不可互换的，因此，或许我们不能保证数据投资者受到与金融投资者相同的保护。尽管如此，他们的命运却不可分割地联系在了一起。

2014年5月，欧盟颁布法则规定互联网用户"有退出权"，并且谷歌和其他搜索引擎必须应用户请求从搜索结果中移除过时的或不相关的个人信息。搜索引擎运营商现在将面临与遵守这些清除请求相关的成本。以下是《华盛顿邮报》所作的假设：

第9章
数据资源的竞争

如果谷歌被数据清除请求事务所淹没,那该公司将如何处理这些请求呢?如果谷歌清除了一段视频的链接之后,这段视频又被重新发布到其他网站时,他们是否还要对其进行清除呢?谷歌对于此规定要遵守到什么程度才算是合规呢?这项规定将由欧盟成员国实施,这就意味着各成员国对该规定的解释和执行可能会出现变化。

如果这些请求来自随机的人群,那还不会造成什么问题。然而,这样的请求可能并不是随机而来的,因为总会有一些人可能要比其他人群在维护自己个人信息控制权方面有着更高的期望,从而引起选择性偏差,造成面向这些人群的针对性广告难以推行。

也许是那些有着强大职业渴望的人会想要清除他们青年时代留下的一些活动信息的链接。也可能是那些对自己的个人数据使用方法完全了解的人可以采用的补救措施。与普罗大众相比,这样的消费者可能有着更高的受教育程度和更高的收入水平。或者也可能是那些对个人隐私过于看重的边缘消费者用来限制自己的网络活动。

移除这样的数据对该企业的影响将取决于有多少用户会利用这项规定,以及这些消费者是谁。这就是对搜索引擎运营商的经济影响。那么对其他的企业呢?关于这项新规定的解释和执行,谷歌公司执行总裁拉里·佩奇指出,谷歌是"一家大公司,我们可以应对这种担忧,并且会对其进行投入和处理,对于我们来讲,那都不是事。"但他同时也指出,要是在"三人一车库"的公司创业早期的话,这可能会阻碍公司的发展进程。他还说:"由于我们这样做实际上是对互联网的管制,我想我们将不会看到我们过去曾看到过的那种创新了。"

为什么呢?任何传递针对性市场营销的尝试都将会受到法规中关于限制消费者数据收集和使用程度的阻碍。基于分析互联网行为所生成见解的广告重定向和网站定制化可能也会受到限制。社交网络平台可能会在移除独立个人信息上面临其他挑战，因用户互联的平台特性，导致一位用户的决定很可能会影响其他用户的体验。

数据监管会影响创新吗

消费者对于删除数据或保留隐私的决定可能会是影响未来市场营销创新的因素。那么，要是企业是依赖其他公司收集的数据来构建营销实践的呢？比如，PeopleBrowsr 就是一家使用 Twitter fire hose 服务进行社交媒体分析的平台，但是后来其访问权限却被局限于 Topsy、Gnip 以及 DataSift。由于访问 Twitter 数据的权限发生了变化，该公司（以及其他的开发者）不得不适应获取数据成本上升的局面。

由于用户对于更多数据控制权的呼吁不断增加，依赖消费者数据的创新可能会面临困难。这是任何基于消费者数据生成行为定制市场营销活动的组织都应该关心的事情。然而，那些依赖于其他公司收集数据的企业将会面临额外的风险，而那些提供数据的公司可能也会面临实施数据访问权限的变化。无论是由于消费者日益增加的隐私需求，还是由于成本增加或潜在的利润增加等经济因素都是无关紧要的。创新者可能面临的困境不仅仅只是由监管者造成的，也有可能是源于塑造创新者运营的生态系统的市场从业者。

教育是否要作为数据监管的一部分

为了应对金融危机，消费者金融保护局（CFPB）实施了联邦消费者金融法。除此之外，消费者金融保护局还试图对消费者进行教育，并研

第9章
数据资源的竞争

究"消费者、金融服务提供商以及消费者金融市场"。消费者金融保护局的焦点主要集中在金融市场和金融服务提供商。金融服务提供商如贷款公司、保险公司和消费者银行等,都依赖消费者数据进行市场营销决策以及其他的商务运作。此外,数据泄露也动摇了金融市场。因此,消费者金融保护局就消费者个人数据进行消费者教育和保护简直不可理解,尤其考虑到与数据相关的金融价值。

那么消费者需要哪些方面的教育呢?正如联邦贸易委员会报告中所透露的那样,其中一个方面就是关于消费者被收集的数据以及由这些数据所做出的推论。公众同样也可以从对数据如何利用的理解改善中受益,无论这种数据的利用是政府机构还是公司。只有当消费者懂得了他们的个人资料是如何被收集和利用之后,他们才能够根据意愿做出分享其个人数据的决定。

然而另一方面,尽管消费者可能需要知道通过其日常工作活动所生成的个人数据都有哪些被收集了,但他们同样也需要知道哪些数据是没有被监控和使用。最近的研究显示,大约一周的位置数据就足够勾画出一个人的形象,因此可能会被认为是"不合理的搜索",并且引起人们对于《美国宪法第四修正案》(Fourth Amendment)权利的质疑。在美国最高法院的一个案例中,法官索尼娅·索托马约尔(Sonia Sotomayor)指出:"GPS监控所生成的个人公开活动的精确而全面的记录,可以详细全面地反映其家庭、政治、职业、宗教以及性关系。"法官索尼娅·索托马约尔引用了2009年纽约上诉法院的人民与韦弗案(People v. Weaver),在该案例中,法官利普曼写道,GPS数据可以透露"旅行无可争辩的隐私特性,只要稍微动动脑筋就能想到。比如,你在旅行中去了精神病专家门诊、整形外科门诊、人流门诊、艾滋病治疗中心、脱衣舞俱乐部、犯罪辩护律师事务所、钟点汽车旅馆、工会会议、清真寺、犹太教堂或天主教堂、同性恋酒吧,等等。"

Profiting from the Data Economy:
Understanding the Roles of Consumers, Innovators, and
Regulators in a Data-Driven World

|大数据经济新常态：如何在数据生态圈中实现共赢|

连接到独立消费者基于位置的数据提供了该消费者的数字足迹。鉴于这些数据的丰富性，包括《位置隐私保护法案》(*the Location Privacy Protection*) 在内的多个法案已经提议对这些数据进行监管，这一点也不稀奇。但是，要是位置数据与用户识别码而非特定的个人连接起来又会怎样呢？这些在特定市场内收集并随后横跨许多消费者进行整合的数据，不可能会被认为是侵犯个人隐私，因为个人的身份是未知的。然而，如果与财产所有权记录和就业位置之类的外部数据进行组合，个人身份就可以从匿名位置数据中推断出来，那就会被视作对个人隐私权的侵犯。类似的案例也可以由其他形式的数据组成，而且在与其他消费者数据进行组合时，这些数据中的个人可识别信息已经被移出。

影响用户隐私的，不仅仅只是数据的收集。数据收集中的匿名性可以对隐私中负面影响的担忧起到限制作用。然而，如果数据与其他信息源结合，这或许只是一种缓和。消费者若要懂得其个人资料如何被组织中的市场营销人员和他人所使用，需要借助其将被使用的其他数据源的知识。关于消费者个人资料如何被金融服务提供商在制定产品和促销活动时使用的问题，这样的教育任务可以由消费者金融保护局负责。有了关于其个人数据如何被机构使用更完整的理解，消费者可能在决定其数据分享时就不会有过多负担。

消费者控制权能否确保竞争

在金融业之外，这项教育任务可由联邦贸易委员会承担。联邦贸易委员会负责两项职能：保护消费者与促进竞争。正是该机构推出的报告中呼吁提高数据经纪公司活动的透明度。联邦贸易委员会还负责执行联邦消费者保护法，"防止诈骗、欺诈和不公平的商务活动"。联邦贸易委员会下属的消费者保护局负责收集投诉、进行调查以及针对消费者和企业双方对他

第 9 章
数据资源的竞争

们的权利和责任进行教育。在向参议院隐私、科技及法律小组委员会的报告中，消费者保护局局长杰西卡·里奇（Jessica Rich）指出，联邦贸易委员会就位置数据隐私的维护问题向企业提供了教育活动和指导。因此，也有可能将由联邦贸易委员会负责保护消费者，防止消费者个人数据被误用于明令禁止的消费者歧视活动。

虽然确保消费者隐私权的维护（这样的保护由法律提供）会由联邦贸易委员会来负责，那么如何促进竞争呢？据参议员兰德·保罗（Rand Paul）和克里斯·库恩斯（Chris Coons）表示，隐私是核心价值，《美国宪法第四修正案》的精神就是保护公民免受未经授权的搜索。然而，虽然这可能限制政府通过科技进入公民日常生活的能力，但要是企业也选择这样做呢？

通过互联网平台的消费者数据生产，为创建对现有市场主导者构成挑战的新企业铺平了道路。我们只需看看市场营销费用从电视广告向数字的转变，就可以证明市场营销领域在变化。数字广告与电视广告相比最明显的一个优势就是数字广告的可计量性和定向能力。那么电视广告是否可以通过基于其对独立家庭的了解递送市场营销信息，在数字广告中分得一杯羹呢？手机广告网络和应用内置广告的增长是否会与数字广告和电视广告形成竞争呢？这些新技术可以为市场营销人员如何接触到消费者提供额外的选择。然而，这些新兴广告平台的部分竞争力是其在向观众递送时日益增加的精准度，以及他们所访问的消费者数据。

随着联邦贸易委员会对数据经纪公司的调查，以及对增加透明度的呼吁，从消费者数据收集和使用的角度来保护消费者，是摆在联邦贸易委员会面前的任务之一。然而，如果联邦贸易委员会保护消费者个人数据的利益，那么联邦贸易委员会是否也要负责通过可用的消费者数据来保障竞争性市场呢？完成这种双重角色的方法之一，可能会是促进消费者的认可，或者拒绝这种组织基于交换这些数据所提供的价值。

| 大数据经济新常态：如何在数据生态圈中实现共赢 |

消费者有权管理个人数据吗

虽然高级分析方法可以为政府机构、非营利组织和企业生成决策建议，但实施这些方法的能力取决于消费者数据的可用性。为了使数据采集、分析和使用实践变得透明，一些企业已经在消费者数据如何使用上让消费者自己做出决定，而其他企业的数据收集实践仍然不透明。

1. 依赖"数据全免费"和"花钱买数据"的方法收集消费者数据是否有内在的局限性？

2. 教育和授权消费者对其个人数据进行控制是如何解决监管者提出的关于企业如何收集和使用数据的担忧的最佳方法吗？

3. 授权消费者控制其个人数据是否有实际的限制么？或者说，消费者控制其个人数据的条件，是否不足以为他们提供保护，以防止消费者生成的数据被潜在地利用或误用呢？

4. 政府机构在寻求对消费者数据收集和使用方法的监管中，将会面临什么样的挑战？

Profiting from the Data Economy:
Understanding the Roles of Consumers, Innovators, and Regulators in a Data-Driven World

第 **10** 章 | 大数据经济的未来

Profiting from the Data Economy:
Understanding the Roles of Consumers, Innovators, and
Regulators in a Data-Driven World

|大数据经济新常态：如何在数据生态圈中实现共赢|

和大企业相比，小企业吸引的顾客要少得多。此外，顾客购买小公司产品的频率比购买大公司的产品也少得多。这个现象被叫做"双重困境"，是社会学家威廉·麦柯菲（William Macphee）在 20 世纪 60 年代提出的，之后被广泛应用于不同的实际情况中。比如，研究人员发现"双重困境"能用来解释消费者选择某购物地点和品牌的原因。最新的应用案例是哈佛大学营销学教授阿妮塔·艾泊瑟（Anita Elberse）用这一原则分析了在音乐和电影市场上消费者对畅销产品和利基产品的选择。

走出进退两难的境地

然而，和小企业的同类产品相比，大企业产品的优势超出了"双重困境"的实证研究范围。从零售商到在线服务提供商，大型企业似乎总比小型企业拥有一种额外收益。抛开这种进退两难的现象，大企业能够获得更多有关消费者的信息，并越来越会投其所好，就是从某位顾客的数据"知晓"其喜好所带来的收益之一，结果自然是消费者和组织共赢。另一个潜在的好处就是组织可以利用消费者的社交关系。

随着对企业收集和利用数据方式有一定了解，消费者将面临一系列选择。"大权在握"的消费者总会选出那些与他们经常打交道的企业和能够满足他们需求的服务商。现在，消费者还应该考虑另一个问题：他们有多愿意分享自己的数据？

第10章
大数据经济的未来

只要解决了这个问题,才能看出消费者所做选择的细微差别。那么消费者更愿意与哪些组织分享他们的私人数据呢?他们分享此类数据的意愿会不会取决于这些组织利用数据的方式呢?对这些消费者愿意与其分享数据的组织来讲,不管是因为消费者用数据换取了好处,还是因为组织培养了一段更牢靠的客户关系,最终的决策都有希望转化为一种竞争优势。

组织能够有效管理其收集而来的消费者数据的方法之一就是他能够通过增加消费者转换成本(Switching cost)来增加公司的收益(即消费者转而购买另一种产品的费用大于维持现状)。最常见的情况是,你如果要换一家通信服务提供商试试,你就得换个新的手机号码。最后,换了服务的消费者也就意味着换了手机号码,这给消费者会带来很多不便以此用来防止用户流失。对于今天已有机会收集消费者数据的企业来讲,又意味着什么呢?

这或许会给未来的竞争者制造一种新的障碍。对亚马逊的顾客而言,特别是那些订阅了亚马逊 Prime 服务的顾客,在一个新的电商网站购买同一款产品意味着什么?他们或许不会得到和亚马逊同水平的私人定制服务,因为他们的购买和浏览记录都是新购物网站所不了解的。其结果就是,消费者或许会发现在其他在线零售商所呈现的虚拟货仓中来筛选商品更加具有挑战性。还有一种可能就是,他们无法从同样品位的消费者浏览记录里面获取参考建议。如果消费者对于品牌没有特殊喜好,那么他们需要在别处看看来淘到其他有趣的产品。就亚马逊网站本身而言,消费者提供给其评分系统的反馈为其他电商的突围设立了一种难以逾越的障碍。

以消费者数据为基础来给予消费者更个性化的体验,除了零售商之外,在线流媒体网站也是如此。试图与潘多拉或者奈飞竞争的新兴在线媒介内容提供商,首先就缺少为消费者提供建议的行为数据。当然,一旦消费者和一个新的服务商或零售商开始互动,那么消费者提供的数据就自然而然会被企业应用。然而，新兴企业必须要承担这种开办费用，说明竞争者需要认识到自身和那些已经详细了解顾客的企业的差距在哪里。

对企业创新的影响

未来的社交平台或许会面临一种稍微有点不同的挑战。对于某一群体的用户来说，假如他们的熟人都是某平台的用户，而他们又想在另外的社交平台上能方便地联系所有人，那么就需要这些人在新平台重新注册。除了这种网络效应之外，已有的平台还能基于其他人提供的数据更好地评估他们会对用户产生的有利影响。

这并不能说明创新就会戛然而止。尽管 Facebook 已经有了坚实的用户基础：每月超过 10 亿人次的活跃用户和超过 7 500 万人次的日常用户，但这也无法阻碍其他社交平台的发展。LinkedIn 就相当于是专营办公用品如名片架的罗勒德斯（Rolodex）现代翻版。用户可以在 Twitter 上订阅新闻流的服务。Printerest 用户能通过画板自由分享他们收集的图片。所有这些社交平台都满足了消费者不同的需求，并给营销者提供了一个能认清对自身广告感兴趣的消费者的机会。到目前为止，十亿美元级别的并购案有两件：Facebook 对 Instagram 的收购以及雅虎对 Tumblr 的收购，这给现存的社交平台指出了一条增加自身广告收入的明路。这些新兴企业值这么多钱不是因为和市场上现存业务直接比较得出的结论，而是因为他们给现有社交平台指明了发展方向。

2014 年，Facebook 宣布为了做好定向广告，会在所使用的数据中考虑增加用户的网页浏览行为数据。除了用户直接提供给社交网站的信息之外，Facebook 还利用用户的数据排放给他们发送广告并增加自身的广告收入。在 Facebook 此举之后，《华尔街日报》的网站上发布了一篇名叫《Facebook 所知道的关于你的 5 件事情》博文，列出了以下事实：

第 10 章
大数据经济的未来

- 你浏览的网页和你使用的移动应用；
- 你真实的长相；
- 你曾到过的地方；
- 你的朋友圈；
- 你的兴趣。

基于收集用户数据而领先的企业，未来的业务创新可能更加困难，吸引更多用户的余地也不是很大。当考虑这些洞见是否能给公司带来额外好处的时候，这个挑战将进一步复杂化，远远超出了已知和已有的困难。

然而，即使消费者数据的原始资料已经被收集和处理，新公司也还是有利可图的。未来创新者为了收集消费者数据可能会发现更值得信赖的方法。他们或许能重新发掘那种可以收集到更多用户数据的方法。或许能发现更节约成本的收集和转化消费者数据为洞见的方法。尽管这样的创新或许不足以建立起媒介帝国，但是受大众欢迎也算是企业成功的良好开端。毕竟，安客诚已经被描述为"你闻所未闻的大公司"。

用户数据对企业竞争有多大帮助

哥伦比亚大学法学教授吴修铭（Tim Wu）写了一本名叫《总开关：信息帝国的兴衰变迁》（*The Master Switch: The Rise and Fall of Information Empires*）的书，《华尔街日报》引用了书中的一段话：

> 互联网长期以来被设计为一种自由市场应该有的样子，即那种最纯粹的竞争状态。那为什么现在的互联网看起来越来越像垄断竞争了呢？今天大部分的主要部门都被一个主导公司所控制或者是寡头垄断。谷歌"垄断"了搜索；Facebook"垄断"了社交网络；eBay"制定"了交易规则；苹果"垄断"了在线内容的传播；亚马逊则"垄

Profiting from the Data Economy:
Understanding the Roles of Consumers, Innovators, and
Regulators in a Data-Driven World

|大数据经济新常态：如何在数据生态圈中实现共赢|

断"了在线零售……

根据吴教授的说法，信息垄断的进程正逐渐加快，因为这些在线平台的用户越多，其市场价值也就越大。对西联汇款公司和AT&T电信服务商来说就是这样。谷歌的搜索也同样如此，因为越来越多的用户提供的信息可以被用来优化搜索结果。

使用服务的用户数量越多，服务提供商收集到的数据也就越多，这可能是造成信息垄断的原因之一。然而，企业收集的数据不仅仅是数量多寡的问题。企业要获得消费者生成的数据和留下的数字排放，是以企业能提供给消费者的服务质量为交换前提的。正因如此，企业才能在消费者选择为哪家企业提供有价值的资源这件事上有十足的把握。然而，这些数据如果不能被公开使用，那么它就不能转化为企业资产。消费者重复的上网行为（比如在谷歌和必应上搜索同一个词条）所产生的数据除能让大多数企业都用得着之外，这些数据还作为企业资产有效地发挥着作用，并成为企业用来恐吓潜在竞争者的工具。

现在假设，无论是驰名公司还是新兴企业，他们都能轻而易举地收集到关于你的大量信息，那会怎样呢？对于欧盟的新规即谷歌必须提供给用户一种"被遗忘的权利"，谷歌的首席执行官拉里·佩奇对此是这样回应的："这样的监管条件可能会阻碍企业创新。"如果这是真的，那么政府不监管而是为企业收集消费者数据而提供更多的便利，是否就能促进企业创新呢？

如果消费者愿意和企业分享他们生成的数据，无论他们是为了交换服务或者得到返现而提供给企业其实时位置信息、在线媒介内容及对某产品的使用评价，这都使企业有机会从不同消费者那里获得此类相同的信息，那么会带来什么结果？我们或许会看到日常交易会变得更有地方和个人特色。非同步的媒介消费或许会变得越来越社会化。消费者或许会发现之前他们并没有注意过的产品和服务，这能够让消费者有机会尝试不同的体验

第 10 章
大数据经济的未来

并且助力于提升企业的竞争力。

在越来越靠数据驱动的营销领域，尽管这是全部的可能性，但这也可能带来创造性的毁灭。如果市场变得依赖于位置信息和私人定制，那么组织应该作出什么改变呢？传统电视广告的特性或许越来越不明显（即硬广告越来越少）。电视广告不仅会出现在观众爱看、营销者愿意出钱的电视节目中，而且还会更有针对性地出现在媒介事件中。比如某类颁奖典礼以及超级碗赛事中，这不也是电视广告吗？如果广告是针对个人或家庭成员的，那么在哪种节目里植入广告又有什么关系呢？想方设法在不同节目打广告的费用又如何呢？

正如受到数据影响，电视广告有所改变一样，印刷广告也未尝不是如此。《星期日报》上成堆的广告变得越来越没有相关性。针对大众的营销策略到最后会失效于更精准的营销方法。尽管这可能需要时间来证明，但只要企业有能力对消费者生成的数据进行更精细化的分析，就能够带来这样的变化。

更智能的业务到底能走多远

索尼发布了一款名叫"智能腕带"的电子计步器，这是类似于 Fitbit 以及 Nike's Fuelband 的健身追踪器。苹果手机的 iOS8 系统里也有健康和健身检测的应用。尽管苹果进军医药行业触及到了医生的利益，但它更让人担心的地方在于这些数据是怎样被分享的。竞争对手三星也发布了 Simband，这是一种可连日监测如血压、呼吸深度、心率和水分流失度、血液二氧化碳的含量等重要数据的腕表。与用户每年到医院体检的经历相比，通过这些设备收集到的数据更能及时反映用户的健康状况，特别是在能及早发现某种疾病的征兆，或者用户早发现早治疗的情况下更是如此。还有就是便利数据收集的技术会减少医疗费用，这好像是给电子医疗记录

Profiting from the Data Economy:
Understanding the Roles of Consumers, Innovators, and
Regulators in a Data-Driven World

|大数据经济新常态：如何在数据生态圈中实现共赢|

带来了希望。

尽管这可能会给消费者带来很多好处，但还是会有一定风险的。有消息称，谷歌正在用健康数据收集设备谷歌 fit 再一次进军医疗行业，该设备被视为"可穿戴活动追踪设备比如 Fitbits、Jawbone Ups、Nike Fuelbands 和用来收集相关数据的智能手机数据库"。谷歌这个搜索巨头已经用所需的数据大致了解了消费者喜好。除此之外，大量的健康数据会不会被挪作他用？缺少监管，就能够大量收集更多的计量生物学信息，这些信息可以显示出这个人有没有金融违约的可能性。当然，如果能确认谁是有高违约风险的申请者，这对金融机构无疑是有好处的。Facebook 之类的社交平台，还利用与消费者情绪状况相关的数据来帮助营销者在最佳时机接触到用户。毫无疑问，随着技术的不断进步，要想适应新环境，监管者和营销者都要随之改变。正因如此，考虑到消费者的利益，监管者也应该与相关的商业实践保持协调。

除了医疗保健行业的数据利用能实现三方共赢之外，电力公司也越来越精于利用此类数据。鸟巢室内恒温器能通过更好地控制室内的温度而帮助消费者省下电费。除此之外，鸟巢公司还和电力公司合作给消费者带来额外收益。一些电力企业还会给使用鸟巢恒温器消费者提供补贴。电视公司还会参加能够激励消费者在高峰期减少能源使用的项目。这就会带来双赢的结果。那些自愿减少能源消耗的消费者会得到补偿。同时，电力公司就能保证高峰期其他用户的电量供应。

消费者使用这类产品有没有风险呢？室内恒温器或许是"智能家居"的一部分。作为鸟巢恒温器的竞争对手，霍尼韦尔公司（Honeywell）旗下的智能温控器 Lyric 旨在方便消费者携带和操作。现在正好是人人都离不开手机的时代，大部分居家的人都乐意接受用手机来调节他们的生活方式。因为消费者最经常看的屏幕就是智能手机，所以把家电自动化设备连接到

第 10 章
大数据经济的未来

手机是合理的。然而,这也说明了这些消费者数据的其他用处。无论你是否在恒温器附近,霍尼韦尔公司的 Lyric 恒温器都可以利用地理围墙技术来帮你调节室内温度。这样的信息可能对当地企业来说可以派上用场,因为在室外的消费者或许更有可能对大热天解暑的奶昔或者冰淇淋圣代的广告有所回应。

不管这种系统的设计动机是什么,这都体现了收集的数据可能会被挪作他用。尽管这对新工具和科技的发展没有负面影响,但我们必须认识到这些收集了详细个人数据的创新应用潜在的风险。

数据驱动型创新的成本

尽管收集和利用消费者数据有希望为增加营销的精准度搭桥铺路,但还是有人已经注意到个性化营销的成本。我们越是依赖于消费者数据与消费者交流互动,越是会给消费者传递更多的冗余信息(即消费者所得的信息越少)。

社交媒体就是这样,平台上的内容就好比是用户声音的回响室。因为朋友是我们自己选择的,他们中很多人能会有和我们类似的想法。仔细看看你朋友们讨论的问题,你或许有这种感觉:在朋友圈某种特定的观点非常流行而实际上在大众范围内的流行度并没有这么高。

信息过滤的程度在社交媒体中的发展变本加厉。正如《网络过滤泡》(*The Filter Bubble*)的作者艾利·巴里瑟(Eli Pariser)所言:

> 个性化过滤作为一种潜在的宣传方式,灌输给我们的想法都是咱们自己的,它放大了人皆有之的物欲,让我们察觉不到埋伏在未知黑暗领域中的危险。

尽管越来越多的个性化推荐给消费者提供了方便,但是这对社交层面的个性化媒体意味着什么?我们和朋友们谈论的东西绝对不会是登月那种

Profiting from the Data Economy:
Understanding the Roles of Consumers, Innovators, and
Regulators in a Data-Driven World

|大数据经济新常态：如何在数据生态圈中实现共赢|

历史事件，而是我们所关注来源里面发生的爆炸新闻。尽管公众看起来好像有很多知晓信息的选择，但是分化的受众或许只会选择和自己立场相近的信息源。

支持互联网开放性这一论点的人也会担心数据是怎样被收集的。我们的消费就是对那些能给我们带来价值的服务提供商的支持，并且我们消费得越多，越不可能退出当下的服务。蒂姆·伯纳斯·李爵士（Sir Tim Berners-Lee）在接受《卫报》采访时提到社交网站是如何批量收集消费者数据的。他说："你登录的次数越多，你被束缚的可能性更大。你的社交网络成为一个聚焦平台，在这个满是媒介内容的封闭地窖里面，你根本无法完全控制其中的信息。"

为什么会有这样的担心呢？Facebook算法的改变直接导致Upworthy资讯网站流量在两个月内下降了约50%，因为该算法决定了用户可以看到哪些新闻。谷歌就经常改变它的算法。对营销者来说，广告如不能到达受众，那么广告信息就没有效果。在这个只剩眼球的时代，弄清算法是怎样工作的，无疑能给企业带来好处。那么，算法改变的好处就是，这样的系统能够提供更符合消费者利益的促销信息。然而，弊端也显而易见，那就是我们接触的内容目前还是受各种新的把关人支配。

今天的把关人与之前控制信息传播流的媒介大亨是不同的。传统商业媒体和之前其他公开交易的公司一样，他们的目标是盈利且只对自己的股东负责。数据到头来是废是宝，还取决于它们被如何使用。

当然，收集这样的数据就能带来一定的竞争优势。然而，对这些把关人而言，消费者已经被困在他们的服务里，那么对于创新者而言，公开的数据里又意味着什么呢？在线视频提供商奈飞公司就为能够完全优化其推荐系统的团队提供了百万大奖。然后奈飞公司就有了一套众包式的推荐系统，该系统的性能至少比原来优化了8%。当下的企业深度发掘了消费者

第 10 章
大数据经济的未来

数据的可用方法，为将来的数据如何创新使用奠定了基础，最重要的是让新兴企业看到了一种新颖的投资形式。

政府怎样做才合适

政府机构一直在讨论营销者越来越有必要来面对山姆大叔的检验了。对监管者来说要介入的合理原因之一，就是为了保证收集到消费者数据的组织采取了必要的措施，来对消费者数据进行保护。尽管某些消费者支持数据收集并知道数据一旦被收集会有何种用处，但监管者的介入还是给组织收集消费者数据带来不少压力。美国证券交易委员会的官员路易斯·阿奎那（Luis Aguilar）呼吁各公司董事会要检测自己公司内部是否存在网络安全隐患。他说，采取措施来处理这样的风险"需要成为董事会风险监测责任的一个重要部分"。他还说："网络攻击有可能不会给公司直接带来实质性的负面影响，但消费者个人和金融数据的泄露会给企业的顾客乃至更多美国公民的生活带来致命的打击。"

当消费者参与了与组织的数据交换活动，那么他们这么做就想知道数据将会如何被利用。公司采取越来越多的措施来使得这一过程透明化。比如，Facebook宣布它会告知消费者，他们的数据会被公司用来制作针对某一特定消费群体的广告。公司会使用这些他们内部收集的数据或者把内部数据共享给其他组织。如果消费者知道公司是怎样来使用自己的数据，那么消费者心里有了数之后就会来注册成为用户。那些没注册的消费者就不同意把他们的个人数据拿来与企业分享。

根据美国联邦通信委员会主席汤姆·维勒（Tom Wheeler）所言，政府目前还无法承担起保护消费者的重任。在美国企业研究所的演讲上，他还提到了政府打算如何监管那些存在网络安全隐患的企业。据他所说，美国联邦通信委员会的任务是"创造一种比传统的规则制定过程更迅速的

'新范式'"。因为不同组织都在争取对网络安全问题的监管权,所以维勒还说:"美国联邦通信委员会的责任就是提升公共安全,而最根本的是提升网络安全。"

最后,他还补充道:"通信行业里的大小公司必须有一套隐私保护方案,向消费者说明潜在的网络威胁,还有必要像政府部门报备。然而,从个人角度来看,公司系统的崩溃不是消费者面临的唯一风险。因为消费者分享数据和他们日常活动息息相关,所以这样的数据能和其他个人信息一起被综合利用。尽管数据收集和分析的最终结果或许能让企业更好地运营,但这些数据如果泄露或许也会带来无法挽回的结果,比如某一消费者群体的利益受到损害,就会牵扯到其他消费者群体的利益。

如果公共安全在美国联邦通信委员会管理范围之内,那么在新的监管范式下的消费者隐私权意味着什么?美国联邦通信委员会所呼吁的让他们携手保护国家网络安全的通信服务提供商,正是那些收集了很多消费者数据的公司。电信服务商 At&T 公司和 Verizon 都表示有兴趣为了广告而收集消费者数据。随着谷歌 Fiber 新产品的亮相,谷歌也加入了电信服务商为了营销而收集数据的行列。尽管消费者只要认识到其数据具有交换价值,那么这就不成问题,但是还要考虑的是对隐私监管颇有兴趣的声称要保护公众利益的公职机关。

致力于数据收集和分析的企业当然是不错的监管对象。他们或许购买消费者数据,诱导消费者来和他们分享数据。然而一些消费者会愿意分享,一些则不愿意。对于那些不愿意和公司分享数据的消费者来说,他们的隐私泄露多大程度受其他消费者选择的影响?如果消费者的确有权保护他们个人信息的隐私,那么一个称职的监管者就必须承担起保护该权利不受侵犯并惩戒那些侵犯行为的责任。

如果做不到这些,我们会面临何种风险呢?如果消费者担心他们生成

第10章
大数据经济的未来

的数据会带来隐私泄露的问题,那么他们在最后或许会选择对监管机构隐藏自己的数据。有网络隐私保护功能的 Abine 网提供了一种名叫"删了我"的服务,也就是说用户可以使用该服务从数据经纪商的网站上删掉个人信息,还有阻止其他企业追踪消费者数据的服务。这样的服务应该作为一种提示我们目前系统出现问题的先兆。如果公司收集和使用消费者数据的方式不能让消费者满意,那就会导致一些消费者采取措施限制企业使用自己的信息。这样一来,消费者花了时间和金钱来保护他们的个人数据,而企业无法得到用来维持巩固客户关系并得到额外收益的消费者数据。随着近期的数据泄露事件和政府的大量监听行为,我们可以看到企业对消费者数据的利用相对来说毫不费力,那么作为消费者是不是应该更加担心自身的隐私问题呢?

安客诚首席执行官郝思可说:"数据没有最好,只有更好。"消费者和企业创新者都有兴趣在大数据经济中双赢。消费者得到能满足自己需求的新产品和服务的使用权。利用消费者提供的数据,企业创新者就能建立和优化业务,否则就没这种可能。同时,大量的消费者数据在其不知情的情况下被收集会给监管者带来新的挑战。

数字隐私权

美国最高法院明确表示,消费者数据给网络安全监管带来了日益增多的挑战。具有标志性意义的裁决就是禁止企业未经授权而收集手机数据的做法,法院宣称"特别是网络数据,使得更多隐私权利受到威胁"。法院还列举了和消费者隐私相关的担心,以及如何合法获取手机数据,这些问题和个人的实物证据截然不同,详情见下文。

第一,手机能在同一地点收集许多不同类型的信息——地址、日志、处方、资金状况、视频信息——这些信息可以被综合利用而不是

Profiting from the Data Economy:
Understanding the Roles of Consumers, Innovators, and
Regulators in a Data-Driven World

|大数据经济新常态：如何在数据生态圈中实现共赢|

毫无关联的数据。

第二，较之于之前的数据收集，手机能够反映不止一种类型的信息。个人私生活的数据信息量能通过无数张带有时间、地点和描述信息的照片重组；但如果只有一张照片或两张特别喜欢的夹在钱包里的照片就不会有这种结果。

第三，手机上的数据能追溯到购买手机的时候，或者更早。消费者会把一张单页纸放入口袋用来提醒自己要给琼斯先生打电话；他或许不会带与琼斯先生有关的过去几个月的通话记录，因为这经常被存在手机里面。

最后一点，手机可以无处不在而实体证据却不能。在互联网时代之前，人们外出时不会专门携带一种装有个人敏感信息的存储器。而现在，不带存有这些信息的手机的人会被认为是个例外。有个调查就显示，约75%的智能手机用户整天与手机寸步不离，其中有12%的人承认，甚至洗澡的时候也会用手机……十年前，警方搜捕的罪犯可能是一个偶然发现了非常私人的东西（比如日记）的人……但是抓到的人却少之又少。相反，在今天，毫不夸张地说，超过90%的美国成年人的手机记录了关于他们生活方方面面的数据——从普通生活到私生活，不一而足。警方能经常审查这些记录和他们偶尔搜到一两件个人物品，这两件事有本质的不同。

尽管这些储存在手机上的数据和实体记录有量上的不同，特定数据的类型也有质的不同。例如，一个人的网络搜索和浏览历史就可以在能联网的手机上找到，同时还能显示出某个人的私人喜好或关心的事情——把含有疾病症状的搜索记录，和该用户经常用手机访问健康一站式服务平台（WebMD.Data）的信息相结合，就能知道这个人当下身在何处。大部分手机都能显示曾经到过的地点信息，并且根据实时收集的数据重建某人具体

第 10 章
大数据经济的未来

的活动轨迹，该数据不仅能精确到某个镇还能精确到某一栋房屋……

手机上的 App 应用软件提供了一系列包含了个人全部生活内容的信息管理工具。这些应用如下：有民主党和共和党之分的新闻客户端；有关于矫治酒瘾、药瘾和赌瘾的应用；有帮人送祝福的应用；有记录怀孕症状的应用；还有记录你财务开支的应用；有每种你能想到的兴趣或消遣的应用；还有改善爱情关系的应用，等等。现在非常受欢迎的应用就是购物应用，消费者可以随时随地用手机结账。在两个主要的应用商店中还有成千上万的应用，现在圈内人都在谈论"某某服务有相关应用"这句话。平均每个智能手机用户都会安装 33 种应用，这些应用收集的数据碎片能凑成某个用户的完整生活状况。

尽管这个裁决直接规定了在执法过程中可以把手机内容作为证据，但此决定还是得到了许多隐私支持者的响应。美国公民自由联盟正式声明，"互联网革命已经改变了我们对于隐私的期待"，并且法院决定"会帮助所有美国公民保护隐私权。"

如果美国人的确有数字隐私权，那么试图收集、分析和利用消费者数据的营销者还怎么生存？正如法院指出的，从个体消费者那收集更多的数据，那么就越有可能详细地显示了某个人的私人信息。

要数据收集越来越透明可能还有很长的路要走，特别是要让消费者意识到自己的数据正在被收集而且这些数据将会如何被利用。然而，只有当消费者阅读了相关提示后，这样的告知才会奏效。据 2013 年的一个研究表明，"在成千上万的软件商店消费者中仅仅有一两个选择接入许可协议，而大部分选择使用应用的消费者不会花太多时间来详细阅读隐私文本的内容"。尽管这或许说明消费者不关心交换自己的数据后会换来什么数字产品和服务，但这无疑显示了消费者对他们正进行的交换没有一个基本认知。

芝加哥市最近宣布会开始收集移动设备上的数据来估算某一区域的常

住居民。并且,该市还计划公开此类数据,方便创新者调查和发展之用。芝加哥市的计算与数据中心的负责人说:"把这些数据公之于众,我们可以想象人们能够利用这些数据来编写所有种类的应用,有可能的话,还包括那些我们从未想到过的应用。"

目前监管者要保护消费者数据还任重道远。在确保不会阻碍企业创新的情况下,监管者该怎样识别和确立必要的措施来保护消费者的隐私权?并且这么做后,怎么才能明确地知道这就已经是企业能够利用消费者数据排放的最大极限了?政府机构如何来平衡大数据经济中消费者隐私和企业创新进程之间的关系呢?

大数据经济还在不断向前发展。从移动应用到传感器和那些融入到消费者日常生活中的新设备,科技的发展会带来更多可用的数据收集新方法。通过这些新方法,企业可以制定支持自己决策的营销策略,还有机会发现新的商业模式。监管者会随之对消费者和企业的行为进行回应。总之,大数据经济的运行轨迹在消费者、企业和政府的行为互动中一览无余。

北京阅想时代文化发展有限责任公司为中国人民大学出版社有限公司下属的商业新知事业部，致力于经管类优秀出版物（外版书为主）的策划及出版，主要涉及经济管理、金融、投资理财、心理学、成功励志、生活等出版领域，下设"阅想·商业"、"阅想·财富"、"阅想·新知"、"阅想·心理"以及"阅想·生活"等多条产品线。致力于为国内商业人士提供涵盖最先进、最前沿的管理理念和思想的专业类图书和趋势类图书，同时也为满足商业人士的内心诉求，打造一系列提倡心理和生活健康的心理学图书和生活管理类图书。

阅想·商业

《大数据供应链：构建工业 4.0 时代智能物流新模式》（"商业与大数据"系列）

- 第一本大数据供应链落地之道的权威著作。
- 全球顶级供应链管理专家娜达·桑德斯博士聚焦传统供应链模式向大数据转型，助力工业 4.0 时代智能供应链构建。
- 未来的竞争的核心将是争夺数据源、分析数据能力的竞争，而未来的供应链管理将赢在大数据。

《大数据产业革命：重构 DT 时代的企业数据解决方案》（"商业与大数据"系列）

- IBM 集团副总裁、大数据业务掌门人亲自执笔的大数据产业宏篇巨著。
- 倾注了 IT 百年企业 IBM 对数据的精准认识与深刻洞悉。
- 助力企业从 IT 时代向 DT 时代成功升级转型。
- 互联网专家、大数据领域专业人士联袂推荐。

《互联网领导思维：成为为了引领者的五大法则》

- 从互联网时代的参与者到引领者、成为移动互联时代的最大赢家。
- 最受欢迎的社会化媒体大师埃里克·奎尔曼的最新力作。

《互联网新思维：未来十年的企业变形计》("互联网与商业模式"系列)

- 《纽约时报》、亚马逊社交媒体类 No.1 畅销书作者最新力作。
- 汉拓科技创始人、国内 Social CRM 创导者叶开鼎力推荐。
- 下一个十年，企业实现互联网时代成功转型的八大法则以及赢得人心的三大变形计。
- 亚马逊五星图书，好评如潮

阅想·财富

《如何在股市中挣到 100 万：长线投资金龟法》

- 英国排名第一的私人投资家，拥有半个世纪投资经验的长线投资大师约翰·李爵士 手把手教你如何在熊市不亏、牛市大赚的秘诀，从1万股本到100万盈利不再是痴人说梦。
- 在股市中躺着挣钱的时代已经结束，只有保持金龟般的耐性与心态，放长线钓大鱼，积少成多，打赢股市这场持久战。

《柯氏股票投资心经：盈利趋势跟踪技巧与工具》

- 《柯氏股票投资心经》的作者是全球知名技术分析专家、技术分析领域第一宝典《经典技术分析》作者小查尔斯·D·柯克帕特里克。
- 集世界最具影响力技术分析师五十年心血之大成的高效股票投资绝招，引领你在股市中认清事实，找到投资方向，从股市中真正赚到钱。

《众筹：互联网融资权威指南》

- 第一部全面深刻剖析互联网融资问题、重塑投资者关系的专业权威著作。
- 汇集了欧美众筹界大腕、众筹业内权威专家以及美国众筹法案起草参与者的真知灼见。
- 清华五道口互联网金融丛书之一。
- 清华大学五道口金融学院未央研究、众筹网创始人孙宏生、88众筹网联合创始人刘锐 作序联袂推荐。

Authorized translation from the English language edition, entitled Profiting from the Data Economy: Understanding the Roles of Consumers, Innovators and Regulators in a Data-Driven World, 1 Edition, 978-0-13-381977-9 by David A. Schweidel, published by Pearson Education, Inc, Copyright ©2015 by Pearson Education Inc.

All rights reserved. No part of this book may be reproduced or transmitted in any form or by any means, electronic or mechanical, including photocopying, recording or by any information storage retrieval system, without permission from Pearson Education, Inc.

CHINESE SIMPLIFIED language edition published by PEARSON EDUCATION ASIA LTD., and CHINA RENMIN UNIVERSITY PRESS Copyright © 2015.

  本书中文简体字版由培生教育出版公司授权中国人民大学出版社合作出版，未经出版者书面许可，不得以任何形式复制或抄袭本书的任何部分。

  本书封面贴有 Pearson Education（培生教育出版集团）激光防伪标签。无标签者不得销售。

版权所有，侵权必究。

图书在版编目（CIP）数据

大数据经济新常态：如何在数据生态圈中实现共赢/（美）施韦德（Schweidel, D.A.）著；昝朦，沉香玉译. —北京：中国人民大学出版社，2015.8
ISBN 978-7-300-21766-6

Ⅰ. ①大… Ⅱ. ①施… ②昝… ③沉… Ⅲ. ①信息经济学—研究 Ⅳ. ① F062.5

中国版本图书馆 CIP 数据核字（2015）第 180184 号

大数据经济新常态：如何在数据生态圈中实现共赢
[美] 大卫·A·施韦德（Schweidel, D. A.） 著
昝 朦 沉香玉 译
Dashuju Jingji Xinchangtai: Ruhe zai Shuju Shengtaiquan zhong Shixian Gongying

出版发行	中国人民大学出版社			
社　　址	北京中关村大街 31 号		邮政编码	100080
电　　话	010-62511242（总编室）		010-62511770（质管部）	
	010-82501766（邮购部）		010-62514148（门市部）	
	010-62515195（发行公司）		010-62515275（盗版举报）	
网　　址	http://www.crup.com.cn			
	http://www.ttrnet.com（人大教研网）			
经　　销	新华书店			
印　　刷	北京中印联印务有限公司			
规　　格	170 mm×230 mm　16 开本		版　次	2015 年 8 月第 1 版
印　　张	14 插页 1		印　次	2016 年 1 月第 2 次印刷
字　　数	176 000		定　价	49.00 元

版权所有　　侵权必究　　印装差错　　负责调换